FLAUBERT
ET LE COMBLE DE L'ART

DANS LA MÊME SÉRIE

Balzac et la Peau de Chagrin (épuisé).
Relire « Les Destinées » d'Alfred de Vigny.
Histoire et langage dans « L'Education sentimentale » de Flaubert.

« *Romantisme* », revue de la Société des Etudes romantiques.

SOCIÉTÉ DES ÉTUDES ROMANTIQUES

FLAUBERT
ET
LE COMBLE DE L'ART

Nouvelles recherches sur
BOUVARD ET PÉCUCHET

par

P. COGNY - M. CROUZET
F. GAILLARD - C. GOTHOT-MERSCH
J. GREENE - A. HERSCHBERG-PIERROT
J. P. MOUSSARON - A. RAITT
J. L. SEYLAZ - J. J. THOMAS

ACTES DU COLLOQUE TENU AU COLLÈGE DE FRANCE
LES 22 ET 23 MARS 1980

Editions SEDES réunis

OUVRAGE PUBLIÉ AVEC LE CONCOURS
DU CENTRE NATIONAL DES LETTRES

SOCIÉTÉ D'ÉDITION D'ENSEIGNEMENT SUPÉRIEUR
88, boulevard Saint-Germain
PARIS Vᵉ

« Si je réussis, ce sera
sérieusement parlant, le comble de l'art.»
G. Flaubert, le 15 octobre 1874.

Les textes ici réunis ont presque tous été présentés au Colloque sur *Bouvard et Pécuchet* organisé par la Société des Études Romantiques les 22 et 23 mars 1980 au Collège de France. La Société remercie tous les participants au Colloque et tous ceux qui l'ont aidée pour cette Commémoration du centième anniversaire de la mort de Gustave Flaubert, en particulier la Délégation Générale aux Célébrations Nationales près du Ministère de la Culture et le Centre National des lettres pour le soutien donné à cette publication.

LE ROMAN INTERMINABLE :
UN ASPECT DE LA STRUCTURE
DE *BOUVARD ET PÉCUCHET*

Ma communication aura pour objet de mettre en évidence une particularité de la structure de *Bouvard et Pécuchet,* qui est sa circularité.

La circularité du sens dans *Bouvard* a déjà été signalée à maintes reprises, notamment par Roland Barthes :

> « Les deux copistes sont des copieurs de codes — ils sont, si l'on veut, *bêtes*—, mais comme eux-mêmes sont affrontés à la bêtise de classe qui les entoure, le texte qui les met en scène ouvre une circularité où personne — pas même l'auteur — n'a barre sur personne.» (*S/Z*, p. 105)

Je voudrais montrer que cette circularité du sens a pour répondant et pour support une circularité formelle tout à fait remarquable : le récit refait sans cesse le même parcours, il repasse sur ses propres traces.

L'Éducation sentimentale annonçait déjà ce type de structure. Alors que *Madame Bovary* et *Salammbô* se ferment, très nettement, par la mort des héros (Emma et Charles, Mâtho et Salammbô), *l'Éducation sentimentale* s'achève dans l'inachèvement : les personnages principaux, vieillis, appauvris, enlaidis, désillusionnés, traînent tristement leur existence qui se prolonge. Mais surtout, les deux derniers chapitres reprennent, dans l'ordre, les deux premiers : le chapitre I, c'est la première rencontre de Frédéric et de Mme Arnoux ; le chapitre II, une conversation de Frédéric et Deslauriers, où les deux amis évoquent leurs souvenirs de collège, et notamment — pour finir — leur visite à la maison de la Turque.

L'avant-dernier chapitre raconte la dernière rencontre de Frédéric et de Mme Arnoux ; le dernier chapitre, une conversation de Frédéric et Deslauriers, avec rappel de souvenirs et, pour terminer, une nouvelle évocation de la visite chez la Turque. Si l'ordre des deux derniers chapitres était inversé, si le roman se terminait sur la dernière rencontre avec Mme Arnoux (et sur sa clausule insistante : « et ce fut tout »), le lecteur aurait une impression — tout autre — d'achèvement. Mais tel qu'il est, le récit commence, dans les deux derniers chapitres, un « second tour » qui est comme l'écho désabusé du premier.

Le second tour, toutefois, n'est ici qu'ébauché. Nous allons voir que *Bouvard et Pécuchet* systématise le procédé, et que le récit s'engage alors dans une spirale sans fin.

Je rappellerai d'abord que la nouvelle de Barthélemy Maurice qui a inspiré Flaubert tire tout son intérêt, tout son piquant, du fait que la fin en rejoint le début ; toute l'histoire, c'est que deux greffiers, qui s'étaient longuement réjouis de tout ce qu'ils feraient une fois à la retraite, s'ennuient au contraire à mourir, et ne retrouvent la joie qu'en reprenant ce qui a été l'occupation de toute leur vie : la copie de comptes-rendus d'audiences. Mais ce retour à la copie marque très nettement la clôture de l'histoire : les expériences (chasse, pêche, jardinage) sont terminées, la boucle est bouclée.

Par rapport aux *Deux Greffiers*, *Bouvard et Pécuchet* innove, on le sait, sur deux points. D'une part, la série des expériences va se gonfler, et servir de prétexte à une revue critique des connaissances. D'autre part, l'histoire ne s'arrêtera pas au moment où les bonshommes se remettent à copier : ce qu'ils copient, et sans doute aussi les circonstances de leur travail, doit être livré au lecteur dans un « second volume », qui servira le même dessein critique. La formule sur laquelle s'achève le dernier scénario de ce que nous pouvons appeler le « premier volume », et qui est : « ils s'y mettent », tout en fermant une phase du récit (celle des expériences), en ouvre donc une autre, ce qui n'est pas le cas chez Maurice. Et une autre qui était partiellement destinée à retracer, deux fois au moins, les étapes de la première, comme nous le verrons dans un instant. Auparavant, j'étudierai le premier volume en lui-même, car le phénomène de la spirale s'y manifeste déjà.

Dans la version rédigée, le premier volume se compose de dix chapitres, le dernier étant inachevé. Dans les premiers scénarios, ce qui deviendra la chapitre I (tout ce qui précède la retraite et le départ pour la campagne) était considéré comme une première partie, probablement divisée en plusieurs chapitres (cinq, semble-t-il, au stade du premier scénario de Rouen, trois dans *Rouen III* et *Rouen IV*) (1). Les expériences des bonshommes constituaient une seconde partie, la numérotation des chapitres recommençant à I. Ainsi, le chapitre premier a d'abord été considéré par Flaubert, non pas comme un épisode ayant même valeur hiérarchique que n'importe laquelle des expériences qui font la matière des chapitres suivants, mais comme un ensemble capable de faire le poids en face de l'ensemble des expériences.

Si Flaubert a renoncé à cette présentation, c'est bien certainement parce que, son intérêt s'étant centré de plus en plus sur les expériences, le premier chapitre a perdu peu à peu de son importance proportionnelle (une page sur seize dans la version rédigée, pour une page sur cinq dans *Rouen IV*). Mais il reste évident que ce chapitre n'est pas de la mê-

---

1. Les scénarios de *Bouvard et Pécuchet* sont conservés à la bibliothèque municipale de Rouen sous la cote : ms gg 10 ; le classement *Rouen I*, *Rouen II*, etc., est d'Alberto Cento (dans son édition de *Bouvard et Pécuchet*, Paris, Nizet, 1964). Le ms g 225 contient les brouillons, le ms g 226 les dossiers préparatoires (dont ceux de la « copie »). Lorsque nous citons une page sans référence au manuscrit, c'est toujours au volume des scénarios que nous renvoyons.

Quant au carnet 19, conservé à la Bibliothèque historique de la Ville de Paris, il contient le premier scénario connu de *Bouvard et Pécuchet*, et quelques autres notes concernant ce roman.

me nature que les autres ; disons que de « partie » il s'est mué en « introduction » — c'est d'ailleurs le terme qu'emploie le scénario du f° 69 verso. Et cette introduction doit consister en une « esquisse » des expériences futures des deux compères. *Rouen I* le dit clairement : « Le dimanche ils font des promenades au Jardin des Plantes et dans les Musées [...] vont même une fois au Collège de France, esquissent dans leur vagabondage ce qu'ils approfondiront plus tard ». Et *Rouen III* : « esquisse des occupations qui seront plus tard développées ».

Et en effet, les récréations que prennent ensemble les deux amis constituent, à travers leur désordre, comme une ébauche des expériences qu'ils mèneront plus tard de façon systématique. Réflexions sur les pièces de théâtre (voir le chapitre de la littérature), sur le gouvernement, sur les causes de la Révolution (chapitre de la politique) ; visite des boutiques de bric-à-brac et des collections, admiration des vieux meubles (chapitre de l'archéologie), visite du Museum et examen des animaux empaillés, des métaux et des fossiles (géologie et zoologie), visite du Louvre (elle correspond à une expérience concernant les Beaux-Arts, qui devait prendre place à la suite du chapitre de la littérature, mais qui n'a pas été rédigée), désir de connaissances historiques (chapitre de l'histoire ; l'annexe de ce chapitre, l'expérience de mnémotechnie, trouve son annonce au premier chapitre dans une mention de l'ouvrage de mnémotechnie publié par Dumouchel). Quoique ce soit d'un ordre un peu différent, signalons enfin que, lors des préparatifs de départ, les expériences d'agriculture et de physique sont explicitement prévues par les deux héros. Flaubert a donc bien donné suite à son projet d'esquisser, à travers les promenades parisiennes du premier chapitre, les « occupations » futures des bonshommes.

Mais avant de mettre leurs loisirs en commun, Bouvard et Pécuchet ont dû se rencontrer. La première scène du livre constitue en quelque sorte la préparation de la préparation : dans la longue conversation qui commence sur le banc du Boulevard Bourdon, se poursuit au restaurant, puis au café, dans l'appartement de Pécuchet et finalement dans celui de Bouvard, une bonne partie des thèmes qui seront ceux du récit principal font une première apparition. Dès les scénarios, Flaubert l'avait médité ; le f° 39 recto, qui commence à détailler la conversation initiale, annonce : « opinions sur le peuple — socialisme », « opinion sur le mariage et les femmes », « opinions sur la religion », « un mot sur le magnétisme ». Dans la version définitive, cette conversation parcourra les thèmes prévus : politique, femmes, religion (le magnétisme apparaît par un autre biais : dans la description de la bibliothèque de Pécuchet, il est fait mention du *Manuel du Magnétiseur*. Ajoutons qu'on y trouve aussi un Fénelon, préparation lointaine de l'expérience de l'éducation). Beaucoup d'autres problèmes qui feront plus tard l'objet des expériences sont également abordés : la conversation initiale comporte des « aperçus philosophiques », marque chez Bouvard un intérêt pour le théâtre, évoque des questions d'hygiène et de médecin (« Pécuchet avait peur des épices comme pouvant lui incendier le corps. Ce fut l'objet d'une discussion médicale»), manifeste le goût des sciences («Ensuite ils glorifièrent les avantages des sciences »), de l'histoire (Pécuchet « avait noté des fautes dans l'ouvrage de M. Thiers ») et de la littérature

(Bouvard « aimait tous les écrivains »). Certes, il s'agit là d'un procédé courant : en établissant au départ que Bouvard et Pécuchet sont curieux de toutes ces choses, Flaubert prépare et rend vraisemblables les expériences futures. Il n'en reste pas moins que le premier chapitre fait, à deux reprises, le tour des principaux sujets d'études qui constitueront le corps de l'ouvrage (2).

A l'autre extrémité du « premier volume », nous allons trouver le phénomène identique mais de sens inverse : les expériences, annoncées dans le premier chapitre, sont ici rappelées.

Il n'est pas sans intérêt de suivre le développement du chapitre X— dernier chapitre du « premier volume » — dans la pensée de Flaubert. Les grands scénarios d'ensemble prévoient, pour ce chapitre, deux expériences : socialisme et éducation (elles figurent déjà toutes deux dans le plan primitif du carnet 19, mais à des places différentes : *socialisme* est ajouté à côté d'*histoire,* tandis que l'*éducation* est mentionnée à part, et non dans la liste générale des expériences). Plusieurs scénarios tardifs, cependant (f°s 69 verso, 47 recto, 48 recto), n'indiquent plus, pour le chapitre X, qu'un seul sujet : *socialisme.* Que s'est-il passé ? c'est, je crois, que l'éducation a cessé d'être considérée par Flaubert comme une simple expérience parmi d'autres — ce qu'elle était d'abord.

Voyons par exemple *Rouen IV* :

« Éducation. Systèmes, il y a deux points de vue (et de départ) (3).
1º l'enfant est corrompu — péché originel, d'où castoiement (4).
2º la nature est bonne.
   Méthode Jacotot, lancastrienne, Pestalozzi, etc.
         [...]
   Mais ils sont payés de leurs soins par la plus noire ingratitude.
   les deux enfants sont deux canailles ».

L'éducation est traitée ici comme les autres « sciences » : on se documente sur la doctrine et les méthodes, on expérimente, on échoue. Mais dans les scénarios partiels (écrits juste avant la rédaction du chapitre X : les premiers d'entre eux sont au verso de brouillons du chapitre IX), Flaubert va modifier sa conception de l'épisode.

Voici le texte du fº 58 recto :

« Les leçons de Bouvard à Victorine
Les leçons de Pécuchet à Victor — géographie, Histoire, dessin

2. Faut-il aller plus loin ? On pourrait avancer que, pour qui sait lire, la matière des trois parties du roman (l'introduction — les expériences — la copie) se trouve inscrite, en ordre, dans le texte de la rencontre initiale. Dès les premiers instants, Pécuchet s'écrie : « Comme on serait bien à la campagne !» — et ce souhait pourrait servir de résumé au chapitre introductif. Dans la suite de la conversation, au restaurant, apparaît l'annonce de tout le récit principal : « Ensuite, ils glorifièrent les avantages des sciences : que de choses à connaître ! que de recherches — si on avait le temps !» Et immédiatement après, dans la phase suivante, c'est la découverte que les nouveaux amis sont « tous les deux copistes » : comment ne pas voir, dans cette succession textuelle des recherches et de la copie un signe prémonitoire — peut-être inconscient, d'ailleurs, dans le chef de l'écrivain ?

3. Les trois derniers mots en addition.
4. Lecture de l'édition du Club de l'Honnête Homme.

> leçons de choses données par tous les deux
>
> [...]
>
> leçons de Morale
>
> [...]
>
> les Beaux-Arts »

On voit le processus : dans *Rouen IV*, Flaubert passait directement de la phase de documentation à l'échec qui doit suivre l'expérimentation (la « noire ingratitude » des enfants) ; dans le f° 58, c'est de l'expérimentation qu'il s'occupe essentiellement, de ce que les bonshommes vont tenter d'apprendre à leurs protégés. Dès lors s'organise un nouveau défilé des sciences qui ont fait l'objet de leurs propres études. Deux pages de brouillons le marquent clairement. D'après ces brouillons, le chapitre X devait débuter comme ceci :

> « Ce n'était pas en vain qu'ils avaient étudié l'agriculture, l'horticulture, l'anatomie et la physiologie, l'hygiène, l'archéologie, l'histoire, la politique et le socialisme, l'amour, la gymnastique, le magnétisme, la philosophie, la religion — de tout cela il leur était resté plus d'intelligence... plus d'ouverture d'esprit, mettre tout cela à profit pour l'éducation des deux orphelins » (ms g 225³, f°s 285 et 287).

« Mettre tout cela à profit » : l'intention est très nettement exprimée de refaire, dans le chapitre X, un « nouveau tour » des disciplines déjà étudiées. Certes, Flaubert a renoncé ensuite à commencer le chapitre par la phrase que je viens de citer, et qui aurait en quelque sorte constitué un parcours à elle seule, d'une exemplaire concision. Mais, avec leurs élèves, les maîtres vont bel et bien passer en revue la matière des chapitres II à IX. Les concordances que l'on peut relever sont souvent assez précises.

Victor et Victorine apprennent la géographie, l'astronomie, des éléments de cosmographie. Bouvard et Pécuchet s'étaient occupés, au chapitre III, d'astronomie, de l'évolution du globe, de géologie. Dans un passage de ce chapitre III, « Bouvard, la tête renversée, suivait péniblement les triangles, quadrilatères et pentagones qu'il faut imaginer pour se reconnaître dans le ciel » (p. 138) (5). Une page des brouillons du dernier chapitre contient une note assez voisine : « La petite Ourse : ça ne ressemble pas à un chariot » (ms g 225³, f° 361) ; ceci ne sera pas exploité, mais Pécuchet aura des ennuis avec la grande Ourse : « Pécuchet leva les yeux. Comment ? pas de grande ourse ; la dernière fois qu'il l'avait vue, elle était tournée d'un autre côté ; enfin il la reconnut » (p. 380).

Les enfants apprennent ensuite l'histoire. On peut lire dans ce passage un rappel explicite des expériences de Bouvard et Pécuchet eux-mêmes : « Il se rabattit sur la nomenclature des rois de France. Victor les oubliait, faute de connaître les dates. Mais si la mnémotechnie de Dumouchel avait été insuffisante pour eux, que serait-ce pour lui ! » (p. 382) ; rappelons que la mnémotechnie apparaît dans le chapitre IV comme

---

5. Nous citons *Bouvard et Pécuchet* d'après notre édition (Gallimard, Folio, 1979).

une science auxiliaire de l'histoire. D'autre part, devant la matière immense que constitue l'histoire universelle, les deux bonshommes adoptent l'opinion qu'il faut seulement en retenir « les Beautés » : faits héroïques ou pittoresques, grands mots (« Nous combattrons à l'ombre », etc. p. 381). Ainsi, décidant au chapitre IV d'écrire l'histoire du duc d'Angoulême, ils avaient collectionné les « traits » du prince, et surtout ses « mots » (« Puisqu'ils ne veulent pas de moi, qu'ils s'arrangent !» p. 196). On retrouvera, à propos de la copie, cette idée de collectionner les Beautés de l'histoire.

Vient ensuite l'enseignement du dessin. Ceci n'a pas de correspondant ailleurs, dans la version rédigée. Mais je rappelle que les scénarios prévoyaient une annexe *Beaux-Arts* au chapitre de la littérature, annexe qui est ainsi décrite dans le dernier scénario où elle apparaît (*Rouen V*, fᵒ 23) : « Salons de peinture. Méthode de dessin. Pécuchet pose tout nu devant Bouvard ». « Salons de peinture » : s'agit-il seulement de visiter des Salons ? ou Flaubert songe-t-il à utiliser ici l'idée drôlatique qu'il avait eue dans le carnet 19 ?

> « Ils écrivent *des Salons* ou plutôt copient toutes les rengaines des critiques d'art en laissant les noms propres en blanc. La première fois qu'ils iront à Paris, ils iront à l'Exposition et mettront des noms propres idoines aux articles faits d'avance » (fᵒ 29 recto).

Qui nous dira si cet épisode devait être utilisé dans le chapitre V (expérience des Beaux-Arts) ou dans le « second volume », au moment de la copie ? (6) Quant à la « méthode de dessin », c'est au chapitre X que Pécuchet en fera l'apprentissage (et Flaubert avec lui, comme en témoigne sa correspondance avec sa nièce), pour les besoins de son enseignement. De l'épisode des Beaux-Arts, il ne reste, dans la version rédigée de *Bouvard,* que la préparation (les visites du Louvre au chapitre I) et la récapitulation (l'éducation des enfants au chapitre X) : ombre portée double d'un chapitre absent.

Jusqu'ici, l'épisode de l'éducation a suivi l'ordre des expériences des chapitres III, IV et V. Mais le parallélisme ne reste pas aussi net. Passant rapidement sur l'arithmétique et la couture (Raymond Queneau a noté que les mathématiques sont les grandes absentes de cette encyclopédie critique), Bouvard et Pécuchet s'ingénient à faire servir la vie quotidienne à l'enseignement des sciences : quelques lignes sont consacrées à l'alimentation (ce qui renvoie aux problèmes d'hygiène examinés au chapitre III) puis à la circulation sanguine (médecine, chapitre III également) ; ensuite l'histoire naturelle et la botanique rappellent le chapitre II : agriculture, soins aux animaux.

Survient alors un intermède : la visite à la ferme, la rencontre de Mme Bordin, le « revif de tempérament » de Bouvard, la scène des paons, et Victor qui regarde « comme pétrifié » ; Mme Bordin s'exaspérera à l'idée « d'avoir été entrevue tout à l'heure dans une pose suspecte » (p. 388). Autrement dit, cette scène est un écho des aventures de Bouvard et de Mme Bordin au chapitre VII, en même temps qu'elle constitue, pour Victor, l'apprentissage de l'amour.

6. Que la suite du fᵒ 29 recto concerne la copie ne nous paraît pas un indice suffisant pour en décider.

Suit la morale, à laquelle on s'attarde assez longuement ; et comme les leçons échouent, les deux maîtres ne voient plus d'autre recours que d'« essayer de la Religion » (p.393). Ceci correspond aux chapitres VIII et IX : philosophie et religion. Notons que les réflexions sur la nécessité d'enseigner la morale étaient amenées, dans les brouillons, par le biais du problème de l'âme, qui faisait « retomber dans le métaphysique » (ms g 225³, f° 294) : ceci est à mettre en parallèle avec le chapitre VIII, où la réflexion philosophique commence sur ce problème (p. 300).

L'enseignement du chant ne répond exactement à aucun des chapitres qui précèdent. Mais il offre quelque ressemblance avec celui de la diction, au chapitre de la littérature :

> « Dès la première phrase, la voix de Pécuchet se perdit dans une espèce de bourdonnement. Elle était monotone, et bien que forte, indistincte.
>
> Bouvard, plein d'espérience lui conseilla, pour l'assouplir, de la déployer depuis le ton le plus bas jusqu'au plus haut, et de la replier, — émettant deux gammes, l'une montante, l'autre descendante » (p. 206).

Expérience très proche du chant. Dans le chapitre de l'éducation, Pécuchet aura les mêmes ennuis avec sa voix, toujours indocile : « pour l'instruire par l'exemple, il poussa des intonations d'une voix fausse » ; difficultés auxquelles répondent celles de l'élève : la voix de Victor « lui sortait du larynx péniblement, tant il le contractait » (p. 395).

L'enseignement de la littérature suit immédiatement les leçons de chant — tout comme la diction accompagnait la littérature dans le chapitre V. Cette contiguïté (littérature-diction et littérature-chant) renforce évidemment le parallèle que j'ai cru pouvoir établir entre l'étude de la diction et celle du chant.

Reste une des expériences importantes des deux compères : la politique. Difficile à transposer, à l'époque, dans l'éducation de jeunes enfants, elle se fait une place dans le procès et dans toute la fin du chapitre, rédigée et non rédigée : la conférence, la discussion entre les deux amis.

Le chapitre X apparaît donc comme reprenant et développant à nouveau, de façon plus succincte, les principaux domaines étudiés dans les chapitres II à IX. Ce « nouveau tour » fait passer les bonshommes de l'apprentissage à l'enseignement — mais il faut remarquer qu'ils continuent d'apprendre, eux-mêmes, ce qu'ils vont enseigner (7). Et non seulement ils continuent d'apprendre, mais ils se montrent aussi peu doués qu'ils l'étaient au début de leurs entreprises.

Or, du chapitre II au chapitre IX, une évolution s'était manifestée. Dans les expériences d'agriculture, d'économie domestique, de chimie, Bouvard et Pécuchet s'y prennent mal, ils sont ridicules (alors qu'il est fort possible d'être un bon agriculteur : le roman nous fournit l'exemple du comte de Faverges). A la fin, ce sont au contraire les sciences et

---

7. Il est remarquable que Flaubert continue d'utiliser les mêmes procédés que dans les chapitres précédents pour rendre compte de leurs lectures et des synthèses qu'ils en font : style indirect libre, style direct libre, etc. : « Il fallait bien s'en tenir à l'Histoire universelle. Tant de matières l'embarrassent qu'on doit seulement en prendre les Beautés » (p. 381).

les systèmes qui sont ridiculisés, plus que la manière de s'y prendre de nos héros : ce sont les livres de philosophie, c'est la religion catholique telle que la présente l'abbé Jeufroy qui ont tort, et les deux amis le démontrent fort pertinemment.

Dans le chapitre X, cependant, ils sont de nouveau incapables de mener à bien les entreprises les plus simples, dès qu'il s'agit du moins d'instruire les enfants (car dans l'expérience de phrénologie qui précède, ils réussissent fort bien) : Pécuchet a du mal à retrouver la grande Ourse, il s'embrouille dans la carte d'Europe, il n'arrive pas à dessiner (et une lettre de Flaubert à sa nièce est éloquente : « Il doit barboter d'une manière grotesque [...] quelles sont les bêtises qu'il peut faire ? » *Correspondance*, suppl. IV, p. 302) (8), il « patauge dans la circulation » du sang, etc. Bref, on repart du début ; les expériences, pourrait-on presque dire, sont reprises à zéro.

Flaubert a marqué, dans ses lettres et dans ses scénarios, l'importance particulière du chapitre X. Dans ses lettres : le 15 février 1880, il écrit : « Je me ronge et je remanie mon plan ; ou plutôt j'ai une venette abominable de mon chapitre », et il ajoute : « Mon chapitre exigera bien quatre mois, car il *doit* être le plus long, et n'avoir pas loin de quarante pages » (*Correspondance*, t. VIII, p. 390 et p. 391). Dans les scénarios, au f° 17, on peut lire ceci : « L'éducation des deux enfants — qui est le summum de toutes leurs études doit amener l'explosion de toutes les haines amassées. On prétend qu'ils démoralisent les deux enfants et on les leur retire ». Je retiens d'abord l'expression : « le summum de leurs études ». Pourquoi le summum ? parce que, sans doute, en passant de l'acquisition à la transmission du savoir, Bouvard et Pécuchet vont soumettre les sciences à une nouvelle épreuve, et la plus redoutable, celle de l'enseignement qui — nous le savons — n'a pas sa pareille pour faire s'écrouler les théories fragiles. C'est dans ce sens que me paraît aller aussi le reproche prévu : « ils démoralisent les enfants ». Démoraliser, pour Flaubert, s'entend au sens premier de « rendre immoral » (ou amoral), c'est-à-dire de « corrompre » ; ainsi, Rodolphe « démoralise » Emma, dans un des scénarios de *Madame Bovary*. Le chapitre de l'éducation semble donc bien avoir été considéré par Flaubert comme l'occasion de saper, mieux que jamais, les valeurs établies — et c'est là ce qui suscitera la haine contre ces individus dérangeants que deviennent les bonshommes.

L'importance, aux yeux de Flaubert, de ce nouvel examen des sciences que constitue le chapitre X, se manifeste aussi dans la première phrase prévue par les scénarios, et que j'ai citée tout à l'heure : « Ce n'était pas en vain qu'ils avaient étudié l'agriculture, l'horticulture, etc. — de tout cela il leur était resté plus d'intelligence, plus d'ouverture d'esprit, mettre tout cela à profit pour l'éducation des deux orphelins». Ainsi, toute la matière des chapitres II à IX est considérée ici comme trouvant sa justification, non en elle-même, mais dans la chapitre X dont elle n'est plus que la préparation : les études n'ont pas été vaines puisqu'elles ont préparé les deux amis à ce nouveau tour d'horizon — plus important — qu'ils vont accomplir dans leur fonction d'éducateur.

8. La *Correspondance* est citée dans l'édition Conard.

J'en viens au « second volume ». Pour supputer comment il aurait dû s'articuler avec le premier, nous avons quatre sources d'information : les dossiers conservés à Rouen, les scénarios, la correspondance de Flaubert et les témoignages de ses amis. Comme je l'ai montré dans mon édition, ces sources, malheureusement, ne concordent pas tout à fait. Ce n'est pas le sujet de cet exposé de traiter en soi le problème du second volume ; sans tenter d'établir une hiérarchie entre les diverses propositions présentées par Flaubert, je me contenterai de rechercher ce que chacune peut apporter sur le plan qui m'occupe : celui de la circularité de la structure de *Bouvard*.

Commençons par la *Correspondance*. Flaubert y désigne ce qui devait suivre le chapitre X comme la « copie » des bonshommes, comme un « volume de notes » qui ne serait « presque composé que de citations » (supplément IV, p. 89, p. 211 ; t. VIII, p. 356, etc.). Qui dit « copie » dit évidemment « citations » — mais en quoi ces citations auraient-elles constitué des « notes » ? En ceci, semble-t-il, qu'elles auraient été extraites des ouvrages consultés par Bouvard et Pécuchet dans la première partie. Certains scénarios font une place en effet, parmi les rubriques de la « copie », aux « notes des auteurs précédemment lus » ; et les résumés d'ouvrages faits par Flaubert lui-même, et qui figurent dans les dossiers de Rouen, portent souvent en marge, à côté d'une citation, la mention : « pour la copie ». Edmond Laporte se chargeait de recopier ces textes en vue du second volume : « Avez-vous fini le travail des notes sur l'Agriculture et la Médecine ? » lui écrit Flaubert, en septembre 1877 (*Correspondance*, supplément IV, p. 29).

Les témoignages des amis du romancier confirment et précisent son intention. Les citations devaient servir « à documenter les chapitres, à appuyer les affirmations et à justifier les plus durs sarcasmes » écrit Henri Céard (*L'Express*, 9 avril 1881). Et Maupassant ajoute que pour ces notes les bonshommes devaient « reprendre l'ordre naturel de leurs études » (*Étude sur Gustave Flaubert*, dans *Lettres de Flaubert à George Sand*, Paris, Charpentier, 1884, p.XXVII). L'adjectif « naturel » pose peut-être un problème, mais on comprend bien que, pour Maupassant, les deux héros devaient reprendre les livres dans l'ordre où ils les avaient lus (il est d'ailleurs logique que les notes d'un ouvrage suivent l'ordre même de cet ouvrage). Ceci veut dire que, dans cette conception, le second volume aurait refait le parcours même du premier.

Mais il y a autre chose encore, dans les dossiers et les scénarios, que les « notes des auteurs précédemment lus ». J'en retiendrai ici ce qui aurait amené, me semble-t-il, un retour aux développements du premier volume.

Une rubrique revient fréquemment dans les scénarios, et correspond à un dossier relativement important ; c'est : « spécimen de tous les styles : agricole, médical, théologique, classique, romantique, périphrases » (fo 67 recto). On pourrait se demander dans quelle mesure cette rubrique ne recoupe pas la précédente, car on retrouve parfois dans le dossier *styles* des citations marquées « à copier » dans les notes de lecture de Flaubert. C'est le cas de la phrase de Gressent sur le groseiller, « vrai gamin de Paris qui s'est permis de faire un geste fort indécent » (notes de lecture, ms g 226[1], fo 13, « à copier » ; et *style agricole,* ms g 226³, f° 134). Dans les scénarios cependant, les deux rubriques sont bien distinctes.

On remarquera d'abord que les deux premières subdivisions du dossier *styles* sont respectivement : *style agricole* et *style médical,* ce qui correspond aux deux premières expériences des bonshommes. Après cela viennent le style ecclésiastique (religion), le style révolutionnaire (politique), les styles romantique, réaliste et dramatique (littérature, et certains auteurs cités dans la première partie réapparaissent ; par exemple, Alexandre Dumas), le style « officiel », « des souverains » (histoire: vie du duc d'Angoulême). Le circuit reprend donc largement celui de la première partie.

D'autres projets repérables dans les scénarios ou les dossiers renvoient, sinon à l'ensemble du premier volume, du moins à l'une ou l'autre des « expériences ». Suivons l'ordre du roman. Au chapitre de l'histoire pourrait correspondre la rubrique « crime des rois, crimes des peuples » (voir « les culottes en peau humaine » et « la Loire rouge de sang depuis Saumur jusqu'à Nantes », p. 187). Au chapitre de la littérature, le projet d'insérer dans la copie *L'Album de la Marquise,* recueil de citations littéraires où se retrouvent Balzac, Sand, Dumas — auteurs dont l'*Album* propose des citations alambiquées, alors qu'on en disait du bien dans le premier volume. Au chapitre de la politique pourrait se rattacher l'intention d'évoquer des « cruautés modernes » — et, notamment, celles de 1848 (carnet 19, f° 42 recto) ; notons que cette évocation aurait constitué ce que Gérard Genette appellerait une « analepse complétive » (*Figures III,* p. 92) : dans le premier volume, on n'assiste qu'aux retombées chavignollaises des événements. Au chapitre de la religion, et particulièrement à la discussion sur les martyrs, aurait pu correspondre la rubrique « Bienfaits de la religion, crimes de la religion ». Enfin, le scénario du f° 67 recto contient une proposition qui renvoie — de manière très précise cette fois — au chapitre de l'éducation : « faire l'histoire universelle en beautés ». On se rappelle le texte du roman, chapitre X : «... il fallait bien s'en tenir à l'Histoire universelle. Tant de matières l'embarrassent qu'on doit seulement en prendre les Beautés », et l'énumération de « Beautés » qui suit. Faut-il croire que le projet, exploité dans la première partie, aurait été abandonné pour ce qui concerne le second volume ? Je ne le pense pas, car l'expression « Beautés de l'histoire » renvoie, dans les deux cas, à des réalités toutes différentes. Dans le chapitre X, des mots célèbres, des gestes héroïques, des faits pittoresques ; « beautés » dont Flaubert se moque parce qu'elles sont conventionnelles. Tandis que dans le dossier, le mot « Beautés » est ironique, au sens rhétorique du terme : il renvoie à des horreurs, à des atrocités — qu'il s'agisse des « Beautés de l'histoire », des « Beautés du peuple » ou de celles des Souverains.

J'en arrive maintenant au plus célèbre des éléments de la copie, *Le Dictionnaire des idées reçues.* Certes, le *Dictionnaire,* on l'a montré depuis longtemps, alimente tous les romans de Flaubert. Mais ce qui distingue *Bouvard et Pécuchet,* c'est que le lecteur y aurait retrouvé, dénoncées ouvertement dans le *Dictionnaire,* au second volume, les idées reçues exploitées dans le premier volume.

Elles se chiffrent, on le sait, par dizaines. Elles peuvent être le correspondant exact d'un article du *Dictionnaire* ; ainsi Bouvard et Pécuchet, devenus archéologues, « tonnaient contre le badigeon » (p. 166. *Badigeon* : « Tonnez contre le badigeon dans les églises »). Elles peuvent aussi reprendre un article de façon indirecte, en reprendre le thème général et non la forme précise ; ainsi quand le comte de Faverges prohibe les romans de sa maison parce « qu'ils peuvent tomber entre les mains d'une jeune fille » (p. 223. *Fille* : « éviter pour elles toute espèce de livres »). On voit d'autre part à ces exemples que les deux héros peuvent être la proie des idées reçues, tout autant que leurs comparses.

Le rapport qu'entretient le *Dictionnaire,* en tant que partie du second volume, avec le premier volume de *Bouvard,* l'influence qu'il peut avoir sur l'interprétation du récit qui précède, méritent une étude approfondie, que j'espère présenter en une autre occasion, mais qui n'est pas exactement mon sujet d'aujourd'hui. Je me contenterai ici de constater que la lecture du *Dictionnaire* aurait été, pour le lecteur, l'occasion de reparcourir (dans le désordre il est vrai, et de façon pointilliste) les dix premiers chapitres. Elle lui aurait rappelé, par exemple : que Bouvard et Pécuchet rêvaient d'aller vivre à la campagne pour s'y mettre à l'aise, qu'ils y ont emmené une bibliothèque (« toujours en avoir une chez soi, principalement quand on habite la campagne ») et construit un laboratoire (« on doit en avoir un à la campagne ») ; qu'ils ont expertisé le jujube du pharmacien (« on ne sait pas avec quoi c'est fait »), soupçonné le pain du boulanger (« on ne sait pas les saletés qu'on mange avec »), soigné Mme Bordin malgré l'effroi du mercure (« tue la maladie et le malade ») ; qu'ils se sont disputés avec le médecin : « un diplôme », dit Pécuchet, « n'est pas toujours un argument » (*Diplôme* : « signe de science ; cependant ne prouve rien ») ; que lorsqu'ils ont attaqué, dans leur zèle scientifique, les récits bibliques sur le déluge, ils se sont fait tancer par le comte de Faverges dans les termes mêmes qui sont ceux du *Dictionnaire* : « un peu de science en éloigne, beaucoup y ramène » (article *Science*) ; que lorsqu'ils ont voulu écrire l'histoire du duc d'Angoulême , ils ont été bien embarrassés de trouver un portrait du duc aux cheveux crépus, un autre aux cheveux plats, car « la chevelure donne le tempérament » (on connaît les articles célèbres du *Dictionnaire* : « *blondes :* plus chaudes que les brunes », « *brunes :* plus chaudes que les blondes ») ... et ainsi de suite. Le *Dictionnaire des idées reçues* devait apporter un écho fort troublant à la première partie de *Bouvard.*

Enfin, la copie des bonshommes devait contenir un autre document, particulièrement intéressant pour mon propos, puisqu'il est donné, explicitement, comme devant *résumer* l'histoire racontée. Dans les derniers scénarios de la seconde partie, Flaubert invente un épisode final, où Bouvard et Pécuchet découvrent, dans les vieux papiers qu'ils ont achetés pour les copier, « une lettre de Vaucorbeil à M. le Préfet. Le Préfet lui avait demandé si Bouvard et Pécuchet n'étaient pas des fous dangereux. La lettre du docteur est un rapport expliquant que ce sont deux imbéciles inoffensifs ». Le f° 19 recto ajoute : « Cette lettre résume et juge *Bouvard et Pécuchet* » (souligné : il s'agit du livre, non des personnages) « et doit rappeler au lecteur tout le livre » ; et le f° 67 recto : « en résumant toutes leurs actions et pensées, elle doit pour le lecteur être la critique du roman ». Dans les deux scénarios, sous des mots différents, la même idée ; il s'agit de fournir au lecteur, en même temps qu'un jugement sur le livre, un résumé systématique du récit (« tout le livre », « *toutes* leurs actions et pensées ») : nouveau tour de la spirale, et clairement annoncé comme tel.

Jusqu'ici, j'ai examiné les éléments qui auraient dû — ou pu — faire partie de la *copie* des bonshommes. Mais la façon dont cette copie aurait été présentée, c'est-à-dire la forme que devait prendre le second volume, demande aussi réflexion. Comme je l'ai montré dans mon édition, Flaubert, petit à petit, se préoccupe de romancer aussi ce volume. Le scénario le plus complet — le fᵒ 67 recto — prévoit un chapitre XI, « Leur copie », pour lequel il décrit à la fois le contenu de la copie, la façon dont travaillent les deux copistes, et ce qui se passe autour d'eux dans le village (c'est-à-dire ce que deviennent les personnages secondaires) ; il prévoit ensuite un chapitre XII, « Conclusion », qui aura pour sujet la découverte de la lettre du médecin, et la décision que prennent les bonshommes de la copier avec le reste. « Finir sur la vue des deux bonshommes penchés sur leur pupitre, et copiant » — et cette « fin » ressemble trait pour trait, ce n'est pas sans importance, à celle qui était prévue pour le premier volume : « confection du bureau à double pupitre [...] achat de registres [...] Ils s'y mettent ».

On pourrait donc croire que l'intention de Flaubert était, au moment où il écrivait ces scénarios d'ensemble, d'offrir au lecteur, dans le second volume, un texte narratif dans lequel auraient été intercalés des morceaux de la copie (en quelle quantité par rapport au texte narratif, c'est impossible à préciser). Cependant un scénario partiel, le fᵒ 68 recto, dit ceci : « avant la copie, après l'introduction, mettre en italique, ou en note : on a retrouvé par hasard leur copie, l'Éditeur la donne afin de grossir le présent ouvrage » — ce qui témoigne d'une intention toute différente : donner la copie « telle quelle », *in extenso,* et sans la mettre en récit. Faut-il croire qu'il s'agit d'un projet ancien, abandonné au profit du projet narratif dont je viens de parler ? C'est peu probable ; le fᵒ 68 recto, qui propose une série de sujets pour la copie, paraît tardif. Mais il n'est pas beaucoup plus vraisemblable que Flaubert ait renoncé, soudain, à cette conception d'un second volume partiellement narratif dont on peut suivre le développement dans les scénarios d'ensemble. Alors ?

D.-L. Demorest a proposé une explication, fragile peut-être, et qui a été violemment combattue par A. Cento, mais qui est la seule, à ma connaissance, à concilier ces deux projets apparemment contradictoires. Le fᵒ 68 dit que la « note de l'Éditeur » doit intervenir « avant la copie » (bien sûr), mais « après l'introduction ». Quelle introduction ? Demorest considère avec raison qu'il était impossible, dans l'esthétique du roman flaubertien, de faire intervenir l'éditeur au milieu du récit, au moment où, dans le chapitre XI, le texte de la copie va être livré au lecteur ; il propose donc de considérer que l'« introduction » devait être constituée de l'ensemble des chapitres XI et XII, chapitres qui auraient montré Bouvard et Pécuchet en train de construire leur « monument », dont certains passages, certains « spécimens », seraient déjà intercalés là.

Une fois le chapitre XII terminé sur la vision des bonshommes en train de copier, la note de l'Éditeur aurait introduit la copie, donnée cette fois en version intégrale. Il y a beaucoup à dire pour et contre cette hypothèse. Sans vouloir la soutenir à tout prix, j'avouerai qu'elle me séduit dans la mesure où elle ajoute un tour encore à la spirale (ce qui pourrait d'ailleurs être un argument en sa faveur : elle correspond à la structure du texte).

Récapitulons. A l'origine, deux parcours semblent avoir été prévus: les expériences, la copie. Il n'est pas sûr que, dès le début, Flaubert avait l'intention de superposer les matières des deux volumes, de faire coïncider les deux parcours. Mais, bien avant qu'il commence à écrire, le projet de la copie est déjà devenu celui d'une « encyclopédie critique en farce » (*Correspondance*, t. VI, p. 394) — un double, donc, des expériences.

Lorsqu'il prépare dans le détail son premier volume, Flaubert se conforme à l'esthétique du roman de son époque, et conçoit le chapitre I comme une introduction ; une singularité cependant : c'est à deux reprises déjà que vont défiler, dès ce chapitre, les principaux sujets d'expériences (dans la conversation initiale, puis dans les promenades parisiennes des deux amis). A l'autre bout de la première partie, pour obéir à la même esthétique classique, qui veut qu'à l'annonce corresponde la désannonce, et que les thèmes amorcés, puis exposés, soient pour finir rappelés, il transforme ce qui devait d'abord être, simplement, la dernière expérience — l'éducation —, en une reprise générale du récit. Mais, ici encore, Flaubert évite la banalité ; il ne s'agit pas d'un simple rappel en guise de conclusion : les études sont recommencées, les bonshommes se retrouvent néophytes, mais dans une autre perspective, celle de l'enseignement.

Avec la deuxième partie, le procédé devient plus foncièrement original : reprise systématique consolidant les thèses de la première partie dans les « notes des auteurs précédemment lus », reprise partielle et ambiguë sous la forme du *Dictionnaire des idées reçues,* reprise partielle mais franchement ironique par le biais du sottisier, glose explicative fournie par la lettre du médecin (mais que vaut l'avis de M. Vaucorbeil?) — le tout devant peut-être parvenir au lecteur en deux livraisons successives : d'abord des extraits, puis l'ensemble de la copie.

Dans *Bouvard et Pécuchet,* on le sait, la Mimesis est particulièrement envahissante. La copie presque tout entière est destinée à reproduire des textes existants ; la première partie elle-même s'intègre, à mesure qu'elle avance, des passages de plus en plus longs qui transposent de façon minimale (en le résumant par exemple) le discours des livres de science ou de philosophie. La Mimesis joue aussi entre le roman et son auteur : Bouvard et Pécuchet font, pour découvrir leur maison de Chavignolles, les voyages mêmes qu'avait faits Flaubert dans le même but ; comme Flaubert ils étudieront des dizaines d'ouvrages (les mêmes que lui) ; comme Flaubert, ils copieront inlassablement les bêtises des autres — tout en éprouvant, comme lui, des difficultés pour les classer (ms gg[10], f° 32 recto. Voir les dossiers de la copie, avec leurs papiers découpés, collés sur plusieurs épaisseurs, et leurs citations attribuées successivement à plusieurs rubriques) — bref, ils constitueront le même sottisier que lui et de la même façon ; comme Flaubert, ils écrivent donc un livre pour prouver que les livres sont sans valeur (et ici, la spirale se remet à fonctionner, car parmi ces livres ridiculisés, parmi les citations du sottisier, il y en aurait eu de Flaubert lui-même — on n'ose espérer qu'il y en aurait eu de *Bouvard et Pécuchet* ...). La structure que j'ai décrite, ce parcours inlassable du même circuit, me paraît relever elle aussi de la Mimésis. Mais ici le livre, au lieu d'imiter les autres livres, s'imite lui-même ; si bien que, paradoxalement, cette encyclopédie critique est aussi un « livre sur rien », qui fonctionne en s'appuyant sur soi-même, qui se nourrit de sa propre substance. Qui, nouveau Catoblépas, se développe en se dévorant.

C'est assez tard, semble-t-il, que Flaubert a eu l'idée des deux derniers tours de spirale : la lettre du médecin et — s'il faut retenir l'hypothèse de Demorest — la copie *in extenso* couronnant le tout. On dirait qu'il ne se résigne jamais à mettre le point final à son roman. Et certes, c'est dans la mesure où la spirale est infinie que chaque boucle, jouant par rapport à la précédente, peut ajouter à l'épaisseur d'ambiguïté, sans que jamais se fige le sens. Alors, pas de hiérarchie, pas d'interprétation qui soit la bonne, la définitive. Balzac est loué dans le chapitre de la littérature, moqué dans *L'Album de la Marquise,* vengé dans la rubrique « critique littéraire ».

Reste qu'il faut bien qu'un jour le livre se termine. Si Flaubert ne cesse d'inventer de nouvelles rubriques pour le sottisier (il y en a dans les scénarios qui n'ont même pas reçu un commencement d'exécution), il a hâte, aussi, d'achever le « sacré bouquin » — et vite : en six mois. Mais comment finir un livre conçu comme infini ? De ce point de vue, finir sur les deux bonshommes se mettant à copier la lettre du médecin, c'est-à-dire sur le début d'un texte déjà livré au lecteur (qui l'a lu pardessus l'épaule de Bouvard et de Pécuchet), texte qui remettait toute l'histoire dans une nouvelle perspective, mais que la copie va à son tour replacer dans une autre optique, et dont on sait donc qu'il va se reproduire exactement le même et radicalement différent, — finir là-dessus, ç'aurait été sans doute une merveilleuse idée. Mais on ne peut s'empêcher de penser que le destin a réglé les choses mieux encore que l'auteur n'eût pu le faire ; que la mort de Flaubert avant l'achèvement de son ouvrage était dans la logique du programme, et que ce fut pour *Bouvard* l'événement providentiel, celui qui a définitivement et radicalement supprimé la question de la terminaison de ce roman dont j'ai essayé de montrer qu'il était par essence interminable.

Claudine GOTHOT - MERSCH

UN ASPECT DE LA NARRATION FLAUBERTIENNE : QUELQUES RÉFLEXIONS SUR L'EMPLOI DU « ON » DANS *BOUVARD ET PÉCUCHET*

Reprenant le roman en vue de ce colloque, j'avais à l'esprit d'autres lectures, d'autres textes. En particulier les actes du colloque de Cerisy (juin 1974), avec le débat sur le discours indirect libre et le travail de Claude Duchet sur le discours social et « la voix du on ». Ces souvenirs, et la présence massive de ce pronom dans le *Dictionnaire* ont déterminé un certain type d'attention. Et soucieux par ailleurs de délimiter un champ suffisamment restreint, j'en suis venu à relever systématiquement l'emploi de ce pronom — dans la narration comme dans les discours cités — tout au long de *Bouvard et Pécuchet*. Et à imaginer que je trouverais quelque profit à analyser les emplois de cet outil. Ce n'est donc qu'un aspect de la narration flaubertienne que je me propose d'aborder ; d'où le titre définitif de cette communication. Je précise encore ceci : même s'il m'arrive de me référer aussi à *Madame Bovary* et à *Salammbô*, je n'ai pas eu le loisir de faire une analyse véritablement comparative. De même, il n'était pas question, pour moi, ici, de fonder mon étude sur des données quantitatives. Je suis parti d'une impression, elle-même née d'une lecture orientée : la fréquence et l'emploi diversifié de ce pronom dans notre texte. Et cela m'a paru suffisant pour justifier certaines questions : fait de langue ou fait de style, voix du narrateur ou voix des autres ? Et pour essayer de lier à ces emplois des effets de sens intéressants.

Pour la commodité de l'exposé, j'examinerai successivement les « on » que je mettrais au compte du seul narrateur puis ceux qui figurent dans les propos reproduits des personnages (et provisoirement je classerai aussi dans cette catégorie les « on » du discours indirect libre).

Cela dit, considérons une première série d'exemples.

Une couche de poussière veloutait les murailles, autrefois peintes en jaune. La brosse pour les souliers traînait au bord du lit, dont les draps pendaient. On voyait au plafond une grande tache noire produite par la fumée de la lampe. (35 (1)

Le hangar et le cellier, le fournil et le bûcher faisaient en retour deux ailes plus basses. La cuisine communiquait avec une petite salle. On rencontrait ensuite le vestibule, une deuxième salle plus grande, et le salon. (51-52)

---

1. Toutes les références, données dans le texte entre parenthèses, renvoient à l'édition Garnier-Flammarion, Paris, 1966.

> Les tuteurs des dalhias étaient gigantesques ; — et on apercevait, entre ces lignes droites, les rameaux tortueux d'un sophora japonica qui demeurait immuable, sans dépérir, ni sans pousser. (61)
> Le salon était ciré à ne pouvoir s'y tenir debout. Les huit fauteuils d'Utrecht s'adossaient le long de la muraille ; une table ronde, dans le milieu, supportait la cave à liqueurs, et on voyait au-dessus de la cheminée le portrait du père Bouvard. (74-75)

La fonction de tels énoncés, c'est de produire dans le récit la perception fictive du décor, de suggérer la participation d'une conscience qui motive la description. Ils transforment donc le spectacle en action vécue, la description en récit. Et lorsqu'il s'agit d'évoquer, de raconter les lectures des héros, le même procédé est utilisé, comme si le texte flaubertien réécrivait à sa façon les récits évoqués, les romans de Walter Scott ou la *Biographie universelle* de Michaud :

> Des paysages artistement composés entourent les scènes comme un décor de théâtre. On suit des yeux un cavalier qui galope le long des grèves. On aspire au milieu des genêts la fraîcheur du vent, la lune éclaire des lacs où glisse un bateau, le soleil fait reluire les cuirasses, la pluie tombe sur les huttes de feuillage. (155)
> Quelles clameurs du peuple, quand ils entraient dans l'arène ! et si les lions et les jaguars étaient trop doux, du geste et de la voix ils les excitaient à s'avancer. On les voyait tout couverts de sang, sourire debout, le regard au ciel ; (281)

Et Bouvard, quand il s'efforce d'expliquer la scène d'*Hernani* qu'il déclame à Mme Bordin, n'agit pas autrement

> Oh : laisse-moi dormir et rêver sur ton sein.
> Dona Sol, ma beauté, mon amour !
> Ici on entend les cloches, un montagnard les dérange. (163)

offrant, dans son intervention maladroite, comme une caricature du procédé flaubertien.

Celui-ci peut donc être interprété d'abord comme une « ficelle » de romancier. C'est le moyen d'accréditer le décor fictif en actualisant l'opération qui est censée rendre possible la description (et le procédé peut se combiner avec le passage au présent). C'est une solution au problème : comment intégrer la description au récit d'événements. C'est naturaliser la description. Bref, c'est un de ces trompe-l'œil dont le roman de la représentation à peine à se passer.

Cependant, il faut s'interroger sur la valeur de ce « on ». Qui est ce « on » ? Et pourquoi ce « on » quand le romancier dispose d'autres moyens de focalisation, d'autres personnages à qui confier la perception ?

Parfois, ce sont les Chavignollais, communauté indistincte. Et si, comme je l'ai suggéré, le « on » permet d'installer dans la description l'activité d'une conscience qui la dramatise, l'intervention du « on » chavignollais peut aussi produire l'effet contraire : fonctionnant comme une focalisation humoristique, elle transforme les entreprises de Bouvard et Pécuchet en spectacles grotesques :

Néanmoins, ils s'acharnaient au froment et ils entreprirent d'épierrer la Butte. Un banneau emportait les cailloux. Tout au long de l'année, du matin jusqu'au soir, par la pluie, par le soleil, on voyait l'éternel banneau, avec le même homme et le même cheval, gravir, descendre et remonter la petite colline.(58) Ensuite, ils recherchèrent des fossés. Quand ils en avaient trouvé un à leur convenance, ils appuyaient au milieu une longue perche, s'élançaient du pied gauche, atteignaient l'autre bord, puis recommençaient. La campagne étant plate, on les apercevait au loin ; et les villageois se demandaient quelles étaient ces deux choses extraordinaires, bondissant à l'horizon. (215)

Mais qu'en est-il quand les Chavignollais ne sont pas en scène ? Le « on » serait-il alors celui du narrateur ? Dans un des rares passages de *Madame Bovary* où celui-ci s'énonce dans le texte :

Depuis les événements que l'on va raconter, rien, en effet, n'a changé à Yonville.

figure, quelques lignes plus bas, l'énoncé typique :

On entendait, dans la basse-cour, crier les volailles que la servante poursuivait pour leur couper le cou.

Le rapprochement est-il pertinent ? Le « on » dans la description est sans doute d'abord fonctionnel : c'est un sujet purement grammatical. Mais je me plais à y reconnaître aussi le fameux témoin omniprésent et omniscient sur la convention duquel sont fondées tant de narrations. Et mettre nombre d'évocations sous l'autorité de ce « on », ne serait-ce pas aussi inscrire dans le texte la fiction de l'impersonnalité du narrateur à laquelle prétendait Flaubert ? A trop vouloir naturaliser la description, Flaubert en soulignerait ainsi la convention. Le trompe-l'œil se dénoncerait en tant que tel, ce qui est sans doute le destin de tout trompe-l'œil.

Je dois d'ailleurs relever, dans cet emploi, un autre fait textuel ; la proximité fréquente de cette conscience anonyme et de celle des héros, du « on » et d'un « il » ou d'un nom propre sujet.

Quelle joie, le lendemain en se réveillant ! Bouvard fuma une pipe et Pécuchet huma une prise, qu'ils déclarèrent la meilleure de leur existence. Puis ils se mirent à la croisée, pour voir le paysage.
On avait en face de soi les champs, à droite une grange, avec le clocher de l'église ; et à gauche un rideau de peupliers. (50)
Les ruines de la distillerie, balayées vers le fond de l'appartement, dessinaient dans l'ombre un vague monticule. On entendait par intervalles le grignotement des souris : une vieille odeur de plantes aromatiques s'exhalait, et se trouvant là fort bien, ils causaient avec sérénité. (92)
Puis, comme autrefois, ils allèrent prendre le gloria sur le vignot. La moisson venait de finir, et des meules, au milieu des champs, dressaient leurs masses noires sur la couleur de la nuit bleuâtre et douce. Les fermes étaient tranquilles. On n'entendait même plus les grillons. Toute la campagne dormait. Ils digéraient en humant la brise, qui rafraîchissait leurs pommettes. (102)
Des vallonnements herbeux découpaient la falaise, composée d'une terre molle et brune et qui, se durcissant, devenait, dans ses strates inférieures, une muraille de pierre grise. Des filets d'eau en tombaient sans discontinuer,

pendant que la mer, au loin, grondait. Elle semblait parfois suspendre son battement ; et on n'entendait plus que le petit bruit des sources.
Ils titubaient sur des herbes gluantes, (109)
La pompe en bois avait un long levier. Pour le faire descendre, elle courbait les reins et on voyait alors ses bas bleus jusqu'à la hauteur de son mollet. Puis, d'un geste rapide, elle levait son bras droit, tandis qu'elle tournait un peu la tête, et Pécuchet, en la regardant, sentait quelque chose de tout nouveau, un charme, un plaisir infini. (202)

Cette proximité est-elle innocente, dans tous ces passages qui évoquent une participation émue du ou des héros au paysage ou à l'instant ? (voir aussi dans *Madame Bovary* :

Elle était sur le seuil ; elle alla chercher son ombrelle, elle l'ouvrit. L'ombrelle, de soie gorge de pigeon, que traversait le soleil, éclairait de reflets mobiles la peau blanche de sa figure. Elle souriait là-dessous à la chaleur tiède ; et on entendait les gouttes d'eau, une à une, tomber sur la moire tendue.)

L'effet de sens n'est-il pas une absorption du « il » dans ou par le « on », une substitution toujours possible du « on » au « il », bref la menace pour les sujets d'une perte d'identité ?
Ces premiers exemples renvoient donc d'une part à des problèmes de technique narrative. Transformer la description en un parcours « vécu » :

Parfois, à l'angle des bâtiments, derrière le fumier se dresse une tour carlovingienne. La cuisine, garnie de bancs en pierre, fait songer à des ripailles féodales. D'autres ont un aspect exclusivement farouche, avec leurs trois enceintes encore visibles, des meurtrières sous l'escalier, de longues tourelles à pans aigus. Puis on arrive dans un appartement, où une fenêtre du temps des Valois, ciselée comme un ivoire, laisse entrer le soleil qui chauffe sur le parquet des grains de colza répandus. (127)

c'est dramatiser la description. Et ce « on » pourrait être aussi un opérateur de participation, englobant les « ils » de la fiction, le « je » implicite du narrateur et celui du lecteur.
Mais ces « ficelles » de romancier rendent visible la convention qui fonde le récit. A leur façon, les « on » descriptifs renvoient à une pratique reçue : c'est ainsi qu'on fait un roman.
Et ces pratiques narratives produisent aussi des effets de sens dans la fiction : elles banalisent la réalité humaine et le rapport au monde que le roman se propose de nous faire vivre dans l'imaginaire. Interrompre une série d'énoncés, dans lesquels des réalités matérielles distinctes se présentent comme autant de sujets agissants, par l'irruption du vague « on » perceptif (ainsi, dans *Salammbô*, l'évocation de la tente de Mâtho quand Salammbô y pénètre :

C'était une tente profonde, avec un mât dressé au milieu. Un grand lampadaire en forme de lotus l'éclairait, tout plein d'une huile jaune où flottaient des poignées d'étoupes, et on distinguait dans l'ombre des choses militaires qui reluisaient. Un glaive nu s'appuyait contre un escabeau, près d'un bouclier ; des fouets en cuir d'hippotame, des cymbales, des grelots, des colliers s'étalaient pêle-mêle sur des corbeilles en sparterie ; les miettes d'un pain noir salissaient une couverture de feutre ; dans un coin, sur une pierre ronde, de la monnaie de cuivre était négligemment amoncelée, et, par les déchirures de la toile, le vent apportait la poussière du dehors, avec la senteur des éléphants, que l'on entendait manger, tout en secouant leurs chaînes.)

c'est, de toute façon, dévaluer la réalité humaine au profit de la présence diversifiée et active des choses.

Et je voudrais citer, comme contre-exemples, deux passages que j'éprouve comme deux moments forts de *Bouvard et Pécuchet*.

L'un évoque la participation émue des héros à la messe de minuit, aussitôt après qu'ils ont été sur le point de se suicider. L'autre, c'est la scène entre Bouvard et Mme Bordin qui figure dans le chapitre X : protégés par la lessive qui sèche, les deux personnages vivent la montée du désir en eux jusqu'au moment où ils ont brusquement sous les yeux le spectacle d'un paon qui couvre une femelle ; scène d'une particulière ambiguïté où ils vivent à la fois l'accouplement auquel ils sont prêts à consentir et son animalité. Or, de ces deux scènes, le « on » est quasiment absent (Il n'y en a qu'un dans la première : « on distinguait le prêtre » et un au début de la deuxième : « On était au commencement d'avril »). La force de ces deux scènes ne tient-elle pas en particulier au fait qu'elles nous sont données immédiatement, et sans l'écran du «on»?

J'examinerai maintenant l'emploi du « on » dans ce qui est à proprement parler le récit d'événements.

Dans ce mode de récit, le « on » est assurément un outil très utile, par l'économie qu'il permet. Quand il s'agit de raconter une action collective (la noce d'Emma) ou un événement vécu collectivement (« Dans la matinée du 25 février 1848, on apprit à Chavignolles, par un individu venant de Falaise, que Paris était couvert de barricades.» 175), quoi de plus commode que ce pronom indéfini ? Je ne m'attarderai donc pas à cet emploi.

Cependant, nous allons retrouver ici le singulier voisinage des pronoms définis (ou des noms) et de l'indéfini.

Pécuchet avait sermonné Bouvard ; ils allaient fléchir. Gouy demanda une diminution de fermage ; et comme les autres se récriaient, il se mit à beugler plutôt qu'à parler, attestant le bon Dieu, énumérant ses peines, vantant ses mérites. Quand on le sommait de dire son prix, il baissait la tête au lieu de répondre. (82-83)
Ils la trouvèrent dans le bûcher sur une chaise et dormant profondément. On la secoua. Elle ouvrit les yeux. (152)
Germaine le héla par toute la maison, et on le découvrit au fond de sa chambre. (199)
Espérant qu'elle demanderait son compte, il en exigea un surcroît de besogne, notait les fois qu'elle était grise, remarquait tout haut sa malpropreté, sa paresse, et fit si bien qu'on la renvoya. (207)
Bouvard, à la fenêtre, le vit tituber, puis s'abattre d'un bloc sur les haricots dont les rames, en se fracassant, amortirent sa chute. On le ramassa couvert de terreau. (217)
— Oui, si tu voulais, avec un peu de pratique, il n'y aurait pas de magnétiseur comme toi !»
Car il possédait tout ce qu'il faut : l'abord prévenant, une constitution robuste et un moral solide.

Cette faculté qu'on venait de lui découvrir flatta Bouvard. (220)
Pour en finir et stimuler les mioches par l'émulation, ils eurent l'idée de les
faire travailler ensemble dans le muséum, et on aborda l'écriture. (296)
Ils revinrent aux leçons et les boules à facettes, les rayures, le bureau typographique, tout avait échoué, quand ils avisèrent un stratagème.
Comme Victor était enclin à la gourmandise, on lui présentait le nom d'un
plat ; (297)

Bouvard et Pécuchet congédiant leur bonne se réduisent ainsi à une espèce de vague « on » patronal ; leurs initiatives pédagogiques se diluent
dans l'anonymat d'une pratique impersonnelle. Tout se passe comme si
le récit d'événements était contaminé par la mentalité des personnages
qu'il met en scène et par leur façon de raconter (et voici un bon exemple de cette espèce de glissement à l'anonymat : « L'abbé Jeufroy leur
fit une visite ; ils la rendirent, on se fréquenta ; et le prêtre ne parlait
pas de religion. » 260)

Le « on » abonde en effet dans le discours direct comme dans le
discours indirect libre. « On » familier : « Très bien, dit Bouvard, on a
du temps devant soi » et « on » sentencieux : — Monsieur, on n'est pas
savant si l'on n'est chrétien ». « On » d'usage, et commun à toutes les
classes de locuteurs, de Gorju au comte de Faverges.

Ce « on » est aussi celui des manuels (« On les distingue en métal-
loïdes et en métaux » ; « On compose le genre terrible avec des rocs suspendus ») ou des modes d'emploi (voir la pratique de l'échelle de Bois-
Rosé, p. 216). Et quand Gorju, moniteur de la garde nationale, interpel-
le Bouvard : « On ne vous dit pas de faire un arc, nom de Dieu ! », il
s'identifie spontanément au discours de la pratique qu'il enseigne.

Ce « on », qui est à la fois celui des manuels, celui d'un « je » qui
s'identifie à une théorie et celui du langage familier, a envahi le discours
du savoir qui est tenu dans le roman, avec toutes sortes d'effets remar-
quables.

D'abord celui de banaliser le savoir et de le réduire à l'anonymat.
Malgré le nombre des auteurs ou des ouvrages cités, ce qui me frappe,
c'est la présence constante d'un savoir mis sous l'autorité du « on ».
« Qu'est-ce que le goût ? » demande Bouvard. « On le définit par un
discernement spécial, un jugement rapide, l'avantage de distinguer certains rapports » répond le texte — dont il faudra se demander qui est
l'auteur. Ou bien nous trouvons, ici aussi, des glissements du personnel
à l'impersonnel :

Pécuchet objecta que les châtiments corporels sont quelquefois indispensables.
Pastalozzi les employait, et le célèbre Mélanchthon avoue que, sans eux, il
n'eût rien appris.
Mais des punitions cruelles ont poussé des enfants au suicide, on en relate
des exemples. (314)

Banalisation, vulgarisation d'autant plus frappante qu'elle s'applique
indifféremment à tous les domaines et à toutes les espèces de savoir et
d'autorité.

« Prenez garde, dit le comte ; vous savez le mot, cher monsieur : un peu de

science en éloigne, beaucoup y ramène.» Et d'un ton à la fois hautain et paternel : « Croyez-moi ! vous y reviendrez ! vous y reviendrez !»
Peut-être ! mais que penser d'un livre où l'on prétend que la lumière a été créée avant le soleil, comme si le soleil n'était pas la seule cause de la lumière ! « Vous oubliez celle qu'on appelle boréale », dit l'ecclésiastique. (118)

Dans ce débat théologique, « on » renvoie d'une part à une convention du langage, à une dénomination reçue, et d'autre part à l'autorité de la Bible. De même :

> Bouvard l'assura qu'il s'humiliait devant le Créateur, mais était indigné qu'on en fît un homme. On redoute sa vengeance, et on travaille pour sa gloire, il a toutes les vertus, un bras, un œil, une politique, une habitation. Notre Père qui êtes aux Cieux, qu'est-ce que cela veut dire ?» (289)

Écoutons encore leur réflexion sur la mort :

> L'idée de la mort les avait saisis. Ils en causèrent, en revenant.
> Après tout, elle n'existe pas. On s'en va dans la rosée, dans la brise, dans les étoiles. On devient quelque chose de la sève des arbres, de l'éclat des pierres fines, du plumage des oiseaux. On redonne à la Nature ce qu'elle vous a prêté et le néant qui est devant nous n'a rien de plus affreux que le néant qui se trouve derrière. (255)

« Ils causèrent ...» Sur tous les sujets, c'est bien à une constante parlerie que le lecteur a affaire. A une réalité purement verbale (un savoir verbalisé qui ne procure jamais un pouvoir). A un savoir qui se réduit à un immense *on dit* pris dans les stéréotypes du langage, c'est-à-dire sur le mode du *comme on dit*. J'évoquais tout à l'heure une réponse du texte à la question de Bouvard sur le goût, signalant qu'il convenait de se demander qui en est l'auteur. Du fait de l'imprécision du « on », du fait de la difficulté d'attribuer un auteur déterminé au discours indirect libre mais aussi à nombre d'énoncés cités, comment savoir si nos héros citent (ou récitent) leurs sources, ou si l'énoncé n'est pas un résidu de leurs lectures, ce qu'ils en ont retenu, bref une idée reçue.

> Mais il existe des méthodes pour découvrir des sujets. On prend un titre au hasard et un fait en découle ; on développe un proverbe, on combine des aventures en une seule. (166)

Est-ce une citation de manuel ou la version Bouvard et Pécuchet de la théorie de l'invention ?

> « On suppose une convention par laquelle l'individu aliéna sa liberté.» (197)

Citation du *Contrat social* ou réduction de Rousseau à l'anonymat ? Et lorsque Bouvard déplore l'anthropomorphisme chrétien, s'en prend-il aux Écritures ou à une pratique reçue ? Ce « on » passe-partout, il est donc très souvent difficile de déterminer s'il représente Bouvard et Pécuchet, s'il énonce un *digest* banalisé de leurs lectures, ou s'il reproduit le discours de la science tel que le parlent les manuels.

Dès lors, si « on n'en sait rien », si « on ne sait pas ce que c'est », est-ce la faute des héros, celle des quelques auteurs qui leur sont tombés sous la main, ou celle du savoir en général ? Cette ignorance est-elle une idée reçue ou une réalité confirmée ? Et Flaubert dénonce-t-il l'incapacité particulière de ses héros ou prononce-t-il en même temps le constat de faillite de la science de son temps ?

Vous savez l'importance de cet enjeu, pour la critique qui s'interroge sur le projet de Flaubert et l'effet du livre sur ses lecteurs. Flaubert a sans doute voulu que la question reste ouverte. Or, comment ne pas voir que cette ambiguïté, que l'indécidable, sont inséparables de son écriture et de l'invasion du discours et du récit par le « on » ?

Je crois comprendre, dès lors, pourquoi Flaubert a renoncé ici à l'emploi de l'italique pour marquer les idées et les façons de parler reçues. Car c'est tout l'espace mental et social proposé par le livre, c'est même son espace diégétique et sa narration qui sont régis par le « on » et constamment menacés par l'anonymat. L'indistinction, la difficulté des attributions, étaient dès lors plus efficaces que le marquage des propos. Le savoir et les idées reçues sur le savoir, les événements et leur prise en charge par le récit, le monde extérieur et le rapport au monde dans la description, tout est placé sous le règne du « on ».

Et rédigeant ces remarques langagières, j'ai dû constamment me surveiller pour échapper à la contagion du « on » ; d'un « on » (parlé ou écrit) qui aurait été à la fois l'auteur qui se déguise, vous et moi postulés comme une collectivité scientifique, et l'héritage de la critique : ce qu'on sait et ce qu'on dit de *Bouvard et Pécuchet*.

Jean-Luc SEYLAZ.

LE CLICHÉ DANS BOUVARD ET PÉCUCHET

Le cliché désigne étymologiquement la planche solide obtenue à partir du clichage — procédé typographique introduit au cours du XVIIIème siècle, qui permet de reproduire un modèle à un nombre indéfini d'exemplaires, mais aussi de corriger le texte s'il en est besoin, avec une relative facilité : « Il suffit pour cela dit le *Dictionnaire des Lettres et des Arts* de Bouillet (1861), d'enlever sur le cliché, avec un emporte-pièce, le passage fautif, et d'introduire à la place un nouveau morceau que l'on y soude.»

Par la suite, vers la fin du XIXème siècle, le cliché en est venu à signifier ce qui, étant reproduit à de nombreux exemplaires, est banalisé : une formule et une pensée rebattues, une forme-sens figée. Ce glissement de sens, de l'usage typographique du mot cliché à son usage littéraire, se serait produit, selon le *Grand Dictionnaire Universel du XIXème siècle* de Pierre Larousse, par l'intermédiaire de l'exclamation des typographes accueillant « une formule, une phrase, une citation tirée à un trop grand nombre d'exemplaires » par le cri de « cliché ! ».

Il y a bien dans *Bouvard et Pécuchet,* comme d'ailleurs dans *Madame Bovary,* de ces formules toutes faites, de ces syntagmes figés qui relèvent pour beaucoup du discours social. C'est par exemple Mme Bordin demandant à Bouvard de lui conter « ses farces de jeune homme » (p. 267) (1) ou le comte de Faverges s'étendant « sur le bras de fer, indispensable aux enfants, comme pour les peuples » (p. 361) — métaphore qui se retrouve dans les discours de Foureau (« et je vous soutiens que la France veut être gouvernée par un bras de fer !» (p. 251). Une des fonctions du cliché est alors la caractérisation des personnages secondaires, et plus encore des personnages tertiaires, qui, à la limite se confondent avec les stéréotypes qu'ils profèrent. Il serait alors intéressant d'étudier l'efficacité de ces clichés en relation avec les rhétoriques particulières qui les engendrent et les rapports de places qui les suscitent.

Il est à remarquer, toutefois, que l'originalité de *Bouvard et Pécuchet* dans le traitement des clichés, de ces formules toutes faites, par rapport à *Madame Bovary,* où pourtant les clichés abondent, est à saisir au-delà du pittoresque, dans la mise en texte, dans le dispositif énonciatif ambigu, qui rend incertaine la lecture des clichés. A partir du moment où rien n'est sûr, où la modalisation ironique est rendue

---

1. Les références renvoient à l'édition établie par C.Gothot-Mersch, Paris ; Gallimard, 1979 (Coll. Folio).

« indécidable », notamment par l'utilisation du discours indirect libre, le problème n'est plus de repérer dans le discours de tout un chacun les stéréotypes, mais bien de se rendre compte que tout énoncé, même assigné à un locuteur singulier, est traversé par d'autres énoncés, est porteur d'un préconstruit dont le cliché est une forme. Il faudrait, dans cette perspective, analyser les stéréotypes comme des modes d'insertion des savoirs endoxaux, comme des embrayeurs d'endoxal parmi d'autres.

Mais ce n'est pas sur cet aspect du cliché que j'insisterai dans les limites de cet exposé. La spécificité de *Bouvard et Pécuchet* est encore ailleurs : elle réside, me semble-t-il, dans la réflexivité du texte, dans cette possibilité qu'a le texte de réfléchir son langage, et, en l'occurrence, de représenter le processus même de production des clichés, le clichage.

Au travers des lectures de Bouvard et de Pécuchet, le récit met en scène en effet un mode de blocage du sens, qui consiste d'une part à lire les signes comme des unités figées, et d'autre part à tenter de reproduire de façon fétichiste les modèles reçus des livres.

Que les livres en question soient des manuels, des guides, dont le caractère prescriptif est imposé par le genre (comme *L'Architecte des jardins,* ou encore *Le Guide du voyageur géologue*) ou que ces livres soient des ouvrages d'apparence plus spéculative (comme les traités d'esthétique, de métaphysique...) Bouvard et Pécuchet prennent uniformément les énoncés pour des injonctions, pour des impératifs catégoriques, et lisent leurs signes comme des formules de caractère quasiment magique.

C'est à cette forme de lecture fétichiste, mise en œuvre dans le clichage, que je m'intéresserai. Je prendrai pour exemple l'utilisation d'un de ces guides par Bouvard et Pécuchet, *L'Architecte des jardins,* dans la mesure où ce passage du roman met en scène, de manière emblématique, une tentative de clichage des modèles reçus, et l'échec de cette tentative — à savoir, si l'on recourt à la métaphore étymologique, la fabrication du moule et l'échec de la reproduction identique du modèle. Le clichage, c'est alors à la fois l'entreprise de saisie des modèles par la copie — entreprise qui échoue —, et c'est la transformation des énoncés de lecture en blocs figés, en stéréotypes pris au sens large du terme,— la dégradation du clichage ne laissant subsister que des fragments de sens figé.

C'est au chapitre 2 que Bouvard et Pécuchet, déçus par l'expérience de l'agronomie, puis de l'arboriculture, « se rabattent sur le côté pittoresque du jardinage », selon les termes du 5ᵉ scénario de *Bouvard et Pécuchet.* (2) Pour ce faire, ils consultent *L'Architecte des jardins* de Boitard, dont il nous est donné un résumé.

Ce qu'on peut remarquer d'entrée, c'est le caractère fortement prescriptif de ce résumé :

« L'auteur les divise en une infinité de genres. Il y a, d'abord, le genre mélancolique et romantique, qui se signale par des immortelles, des ruines, des tombeaux, et « un ex-voto à la Vierge, indiquant la place où un seigneur est

---

2. Ms gg 10, fᵒ 20, éd. Cento de *Bouvard et Pécuchet*, Nizet, 1964, p. 7.

tombé sous le fer d'un assassin » ; on compose le genre terrible avec des rocs suspendus, des arbres fracassés, des cabanes incendiées, le genre exotique en plantant des cierges du Pérou « pour faire naître des souvenirs à un colon ou à un voyageur ». Le genre grave doit offrir, comme Ermenonville, un temple à la philosophie. Les obélisques et les arcs de triomphe caractérisent le genre majestueux, de la mousse et des grottes le genre mystérieux, un lac le genre rêveur. Il y a même le genre fantastique, dont le plus beau spécimen se voyait naguère dans un jardin wurtembergeois — car, on y rencontrait successivement, un sanglier, un ermite, plusieurs sépulcres, et une barque se détachant d'elle-même du rivage, pour vous conduire dans un boudoir, où des jets d'eau vous inondaient, quand on se posait sur le sopha. » (p.100).

L'énonciation neutralisée, dépourvue d'origine, confère à la taxinomie normative la force assertive d'un fait : l'effacement de la personne, joint à l'emploi du présent de vérité générale, donne à la description l'aspect d'une évidence immuable (voir par exemple : « Il y a d'abord le genre mélancolique et romantique » ou bien « Les obélisques et les arcs de triomphe caractérisent le genre majestueux »), ou bien permet de superposer la prescription et la description, en présentant la norme comme un fait de nature dans l'expression « on compose », le glissement s'opère du descriptif « tout le monde compose » au prescriptif « tout le monde doit composer », « on doit composer ».

Le résumé d'autre part fige ce qui, dans le traité originaire de Boitard, était nuancé de précautions à prendre, notamment pour ce qui concerne la nécessité de tenir compte du contexte, de la situation singulière, et de ne pas s'en tenir à une taxinomie figée, recevable comme telle. Or, ce que nous propose le résumé présenté dans *Bouvard et Pécuchet,* c'est bien le tableau simultané, achronique, des genres de jardins possibles, chaque genre étant « caractérisé », « signalé » par des attributs obligés, qui en constituent la formule, ou si l'on préfère, la recette.

Ainsi, pour obtenir un genre mélancolique et romantique : des ruines, des immortelles, des tombeaux, un ex-voto. Préfère-t-on le genre terrible : des rocs suspendus, des arbres fracassés, des cabanes incendiées. Le résumé saisit le modèle décrit, en isolant les caractéristiques qui le composent, ou les indices qui le signalent — avec ce présupposé que, si le genre terrible est caractérisé par des rocs suspendus, des arbres fracassés, des cabanes incendiées, il doit suffire d'associer des rocs suspendus, des arbres fracassés, et des cabanes incendiées pour retrouver ce qu'on appelle le « genre terrible ».

Toutefois, avant de passer à ce second temps du clichage qu'est la constitution du jardin, Bouvard et Pécuchet éprouvent le besoin de filtrer, de réduire encore le modèle dégagé dans le résumé, qui leur paraît trop foisonnant. Ils sont effrayés par le surplus des signes (« Devant cet horizon de merveilles, Bouvard et Pécuchet eurent comme un éblouissement » p.100), et ils se mettent à discuter terme à terme, signe à signe, les éléments que leur lecture a isolés :

« Le genre fantastique leur parut réservé aux princes. Le temple à la philosophie serait encombrant. L'ex-voto à la madone n'aurait pas de signification,

vu le manque d'assassins et, tant pis pour les colons et les voyageurs, les plantes américaines coûtaient trop cher. Mais les rocs étaient possibles comme les
arbres fracassés, les immortelles et la mousse.» (p.100-101).

L'on se rend compte, à suivre la démarche de leur raisonnement,
qe Bouvard et Pécuchet non seulement associent à chaque type de jardin une série de composantes obligées, qu'ils discutent l'une après l'autre (le rejet du temple à la philosophie conduit au rejet du genre grave),
mais que ces composantes sont l'objet elles aussi d'une lecture clichée
qui les saisit comme des unités figées : pour reprendre l'exemple de l'ex-
voto, la citation entre guillemets (« un ex-voto à la Vierge, indiquant la
place où un seigneur est tombé sous le fer d'un assassin »), qui est em-
pruntée directement au livre de Boitard, est lue d'un seul bloc, ses unités significatives ne sont pas dissociées. A tel point que, pour Bouvard
et Pécuchet, l'absence d'assassins est une condition suffisante pour refu-
ser l'ex-voto qui « n'aurait pas de signification vu le manque d'assassins ». Symétriquement, l'association entre le syntagme figé « les cierges
du Pérou » et la citation qui l'accompagne est telle que l'évocation des
plantes américaines suffit à faire surgir le nom des colons et des voyageurs, ne serait-ce que par boutade (« et, tant pis pour les colons et les
voyageurs »...).

Après cette réduction du modèle à un moule reproductible, on
passe à la fabrication, à l'écriture du jardin. Or, on peut remarquer que,
de même que pour Bouvard et Pécuchet l'association d'éléments hété-
roclites et parcellaires devrait permettre de restituer une image conforme du jardin idéal, de même la juxtaposition de fragments hétérogènes
leur paraît suffire à produire les éléments de ce jardin, à savoir par
exemple ce qui a nom de tombeau, de pagode ou de rocher. Voici pour
le tombeau : « Ils avaient sacrifié les asperges pour bâtir à la place un
tombeau étrusque c'est-à-dire un quadrilatère en plâtre noir, ayant six
pieds de hauteur, et l'apparence d'une niche à chien » (p. 101). Le
« c'est-à-dire » établit le lien entre le nom qui identifie (le tombeau
étrusque) et ce qu'on prétend assembler sous ce nom. La description
grotesque laisse entendre que le miracle substitutif ne se produit pas. Il
en va de même pour l'équivalence posée entre le nom « pagode » et
l'assemblage qui lui correspond : « Au sommet du vigneau six arbres
équarris supportaient un chapeau de fer blanc à pointes retroussées, et
le tout signifiait une pagode chinoise » (Ibid.). Il en va de même encore
pour l'entassement des granits destinés à former un rocher : « (Ils)
avaient joint les morceaux avec du ciment, en les accumulant les uns
par-dessus les autres ; et au milieu du gazon se dressait un rocher, pareil
à une gigantesque pomme de terre ?» (p.101-102). L'écriture ici, construit l'assemblage pour le démonter par la comparaison parodique qui
suit la nomination.

L'échec de la reproduction du modèle, de son clichage, est confir-
mé par le troisième temps de l'opération, constitué par le décodage de
l'écriture. Emportés par leur amour propre d'artistes, Bouvard et Pécuchet ont offert, en effet, un dîner aux notables pour leur permettre
d'admirer leur jardin. Mais les modèles ne sont pas reconnus : « Mais le
tombeau ne fut pas compris, ni la cabane incendiée, ni le mur en ruines » (p.107). La synthèse ne se fait pas. On ne perçoit que des éléments

parcellaires, et la dérision est double : on n'identifie ni les modèles de jardins, brouillés par l'hétéroclite et le mélange des genres, ni les éléments constitutifs des genres mêlés. Au lieu des noms se substitue le renvoi parodique des métaphores : « Le rocher comme une montagne occupait le gazon, le tombeau faisait un cube au milieu des épinards, le pont vénitien un accent circonflexe par-dessus les haricots — et la cabane, au-delà, une grande tache noire ; car ils avaient incendié son toit pour la rendre plus poétique.[...] La pagode chinoise peinte en rouge semblait un phare sur le vigneau » (p. 106) (3).

Seul subsiste le renvoi parodique des métaphores et des comparaisons, comme dans ce passage où Bouvard et Pécuchet cherchent à identifier les nuages d'après la classification de Luke-Howard, mais ne peuvent saisir que des ressemblances : « Ils contemplaient ceux qui s'allongent comme des crinières, ceux qui ressemblent à des îles, ceux qu'on prendrait pour des montagnes de neige, tâchant de distinguer les nimbus des cirrus, les stratus des cumulus ; les formes changeaient avant qu'ils eussent trouvé les noms » (p. 88).

L'effet le plus immédiat de cette succession de ratages, de cette série de décalages entre les projets et les réalisations est un effet assez immédiat de comique. Le comble du pittoresque et de l'hétéroclite est atteint avec la fameuse porte aux pipes, qui suscite l'hilarité des notables : « Mme Bordin éclata de rire. Tous firent comme elle. Le curé poussait une sorte de gloussement, Hurel toussait, le Docteur en pleurait, sa femme fut prise d'un spasme nerveux » (p. 107). Cet amour de la curiosité, qui est pour Flaubert « la haine de l'Art » (4e scénario ms gg10 fo 9 bis, éd. Cento, p. 55), préfigure le goût des curiosités archéologiques du chapitre 4.

La dimension grotesque est encore renforcée par une série d'accidents, de péripéties, qui viennent perturber le processus du clichage : en l'occurrence le chaperon effondré, l'eau fuyant du bassin (« Elle avait fui entre les pierres du fond, mal jointes, et de la vase les recouvrait » (p.107), ou l'écho — un exemple type de répétition mécanique— qui ne peut plus se produire « à cause des réparations faites à la grange » (p. 108). L'impossibilité de restituer les modèles reçus fait par contraste ressortir la tentative de clichage : on saisit l'effort de la copie au travers du ratage. A l'inverse, la plaisanterie sur la dame en plâtre est reçue comme un cliché : « La plaisanterie ne fut pas relevée. Tout le monde connaissait la dame en plâtre !» (p. 107). En bref, pour citer une formule du 5e scénario (ms gg10 fo 29, éd. Cento, p.77), « on se fiche d'eux ».

Mais à côté du grotesque de la scène, l'échec du clichage met en avant l'impossibilité de maîtriser les modèles reçus décrits par les livres. Les deux amateurs n'ont pas prise sur le sens. Ce qui est dévoilé en contrepartie, c'est le fonctionnement d'une lecture fragmentaire qui juxtapose des signes sans en comprendre l'enchaînement discursif, qui privilégie la fonction identifiante au détriment de la fonction prédicative du

---

3. Voir, à ce sujet, les remarques de Pierre Danger sur la cacophonie des couleurs et de l'utilisation ironique des formes (*Sensations et objets dans le roman de Flaubert*, Colin, 1973, p. 94 et p. 106).

langage, qui ne fait en somme que juxtaposer des prédications figées, déjà constituées, bloquant par là la signifiance. C'est dire qu'une telle pratique de la lecture conduit à effacer toute historicité du sens. Comme le suggère Pécuchet dans sa critique des anatomistes : « Eh! oui! Ils coupent des tranches, sans égard à la connexion des parties », phrase d'un livre – qu'il se rappelait » (p.375). Cette remarque pourrait s'appliquer parfaitement à la lecture des deux apprentis, qui manient des lambeaux figés de sens : résumés, tableaux, phrases isolées qu'ils citent sans les comprendre, passages déjà soulignés dont ils négligent la situation contextuelle. La lecture pratiquée par Bouvard et Pécuchet est un gigantesque collage de morceaux choisis par d'autres.

En somme, l'échec de la saisie des modèles dans le clichage au sens de la reproduction identique d'un modèle, fait par contraste ressortir les résultats d'une lecture qui fige le sens, qui transforme les signes en blocs monovalents, comme cette citation de l'ex-voto qui devient une unité formulaire, un stéréotype. On voit alors la parenté entre ce type de cliché, un fragment d'énoncé figé, et ce qu'on entend ordinairement par cliché – une formule figée comme le « bras de fer » : ce sont dans les deux cas des formes-sens, des unités signifiantes figées, qui sont prélevées à l'emporte-pièce dans les énoncés reçus.

Mais d'autre part, avec l'échec de la copie, c'est aussi la possibilité de citer les modèles inaccessibles ou leurs auteurs qui est refusée. Pour Bouvard et Pécuchet, clicher c'est « faire comme ». C'est en ce sens que Pécuchet lit son manuel de jardinage « avec sa bêche auprès de lui, dans la pose du jardinier qui décorait le frontispice du livre » (p. 97) ou que Bouvard pour prendre le « genre artiste » « ne trouva rien de mieux », dit le texte, « avec sa mine ronde et sa calvitie, que de se faire « une tête à la Béranger ! »» (p.213). Clicher, c'est montrer le modèle, en même temps qu'on l'imite, c'est s'approprier, avec les modèles, l'autorité énonciative des auteurs cités, c'est un moyen de se rattacher à la norme, et de coïncider avec la loi, et tout particulièrement avec celle de l'énoncé imprimé. Or l'imitation se révèle déceptive, et pire, au cours du roman, le pouvoir de véracité des auteurs, de ces garants de la croyance, est « sapé » par les contradictions : à l'aspect fragmentaire de la reproduction va répondre progressivement la fragmentation des modèles reçus.

Il y a cependant une dimension importante de la scène, qui est masquée par le jeu du clichage, et qui n'apparaît qu'avec la dernière péripétie de la visite, à savoir l'arrivée d'un vagabond, Gorgu, auquel Bouvard fait l'aumône. Flaubert souligne dans les scénarios l'importance du dîner offert aux notables, qui, « doit être un commencement d'action pour les personnages secondaires » (5e scénario, éd. Cento, p.77), et il ajoute en marge : « On y parle (pour poser les personnages secondaires source d'action) de jardinage, curiosités, religion, médecine, littérature, et enfin socialisme à propos du vagabond ». (Ibid.). En effet le geste de Bouvard, « blâmé par les bourgeois et surtout par le Maire ami de l'ordre » (ibid.), suscite une discussion confuse, mais qui exprime la position de chacun dans la monarchie censitaire : l'abbé Jeufroy défend la religion, Hurel, factotum du comte de Faverges, légitimiste, défend la propriété foncière, Pécuchet, rentier, attaque les impôts, Vaucorbeil réclame le droit de vote par « l'adjonction des capacités », Foureau, négociant et maire, représentant du pouvoir central, se prononce contre les désordres réformistes défavorables aux affaires, quant à Mme Bordin, elle « déteste la République » (p.109). Mais si chacun défend son intérêt immédiat, on voit se dessiner la coalition des notables contre Bouvard et Pécuchet, qui dérangent les idées et les positions acquises (« De telles complaisances favorisaient le désordre », p.109) (4). La scène esquisse les thèmes des chapitres suivants, en même temps qu'elle laisse entendre que l'activité énonciative de Bouvard et Pécuchet, leur entreprise de clichage, a pour butée les clichés, les idées reçues des tenants du parti de l'ordre qui se forme après 1848 : à partir de la scène de 1848, en effet, la révolution une fois confisquée, les clichés du parti de l'ordre — que dirigent Foureau, Marescot, le comte de Faverges et l'abbé Jeufroy, se confondent avec une situation de pouvoir grandissante, et viennent à mettre en cause le droit à la parole de Bouvard et Pécuchet. Un droit que ces derniers prennent lors de la conférence chez Beljambe, en disant « nos études nous donnent le droit de parler » (p.140) — mais qui est battu en brèche par la haine générale, à l'insu des deux orateurs. La discussion qu'ils tiennent, après la conférence, sur « l'avenir de l'Humanité », vu « en noir » par Pécuchet, « en beau » par Bouvard, est en effet suivie de l'entrée des gendarmes, avec un mandat d'amener, sollicité par Foureau du sous-préfet.

Le plan final referme ainsi la situation ébauchée au chapitre 2, l'hostilité active des notables, en même temps qu'il note le retour des deux apprentis à leur activité première : copier. Et c'est l'un des intérêts du passage sur *L'Architecte des jardins,* que de mettre en scène le processus de clichage pratiqué par Bouvard et Pécuchet, tout en en montrant les conditions de possibilité et les limites énonciatives.

S'il y avait alors à trouver une revanche des deux cloportes sur les autorités reçues, à tous les sens du terme, elle serait peut-être à rechercher dans la « copie » du second volume, dont on peut supposer qu'elle dérangerait les ordres reçus des livres, en les fragmentant par la citation, et en les regroupant de façon parodique. Une telle disposition des énoncés reçus serait un moyen de souligner l'absurdité des modèles par la mise en place de la copie, et serait par là-même un moyen d'en finir avec la stéréotypie.

Anne HERSCHBERG-PIERROT.

---

4. Il est à remarquer que cet énoncé au discours indirect libre n'a pas d'origine assignable, sinon la rumeur commune des visiteurs.

LA PARODIE DANS *BOUVARD ET PÉCUCHET*

Essai de lecture du chapitre I

« Ouvrage, en prose ou en vers, où l'on tourne en raillerie d'autres ouvrages en se servant de leurs expressions et de leurs idées dans un sens ridicule ou malin.» Telle est à peu près la définition de la parodie proposée par le Grand Larousse et le Littré, très voisins dans leurs incertitudes et d'accord également pour offrir en exemple le *Virgile travesti*. Parler de parodie à propos de *Bouvard et Pécuchet* avait donc quelque chose de séduisant au départ, puisqu'il s'agissait de classer l'inclassable roman (qui n'est pas un roman) de Flaubert dans un genre qui n'est pas un genre. Encore fallait-il savoir qui était raillé, car la parodie n'est drôle que dans la mesure où l'objet visé est clairement reconnaissable. Tout lecteur cultivé de Scarron au XVIIème siècle était assez familier de l'*Enéide* pour rire aux bons endroits, tout fier d'appartenir à la confrérie des initiés... Mais, pour Flaubert ? Une phrase du premier chapitre, auquel nous limiterons nos investigations, aurait pu suggérer le *Candide* :

« Car, enfin, si nous n'étions pas sortis tantôt pour nous promener, nous aurions pu mourir avant de nous connaître!» On ne sait qui, de Bouvard ou de Pécuchet, prononce cet aphorisme, mais on est à peu près certain que le narrateur se souvenait de son Voltaire quand il constate que c'est pour les deux compères l'occasion d'admirer « la Providence dont les combinaisons parfois sont merveilleuses.»

Le rapprochement ne saurait retenir longtemps l'attention, et il est beaucoup plus intéressant de noter que l'on pense plus à Flaubert qu'à Voltaire quand on relit ces pages initiales de *Bouvard et Pécuchet* :

1/ le portrait de Bouvard est comme une caricature de certaines photographies de Flaubert, un portrait parodique, en somme : « Ses yeux bleuâtres, toujours entreclos, souriaient dans son visage coloré. Un pantalon à grand-pont, qui godait par le bas sur des souliers de castor, moulait son ventre, faisait bouffer sa chemise à la ceinture ; — et ses cheveux blonds, frisés d'eux-mêmes en boucles légères, lui donnaient quelque chose d'enfantin.»

2/ Il existe des rapports évidents entre le début de *Bouvard et Pécuchet* et celui de *l'Éducation sentimentale*. Dans les deux cas, il s'agit d'un quai, ici, celui du canal Saint-Martin et, dans *l'Éducation,* un embarcadère sur la Seine. Dans les deux cas, bateaux et barriques.

3/ Comme Charles Bovary, Pécuchet a pour signe particulier une casquette qui ne passe pas inaperçue.

4/ Le rapprochement est d'autant moins gratuit que, si Bouvard s'appelle François-Denys-Bartholomée, le père de Charles Bovary se prénomme Charles-Denis-Bartholomée. L'Y de Denys est peut-être une disgrâce supplémentaire dans l'esprit du narrateur...

5/ L'anecdote du cèdre du Liban rapporté dans un chapeau figure à la fois dans *Bouvard et Pécuchet* et dans la *Première Éducation sentimentale,* pour ne citer que des textes vérifiés.

L'objet de la parodie, dans *Bouvard et Pécuchet,* pourrait donc bien être au premier chef Flaubert lui-même, un Flaubert toujours empêtré dans ses scrupules d'écrivain, toujours trébuchant sur ces *affres du style* qu'il raille et dont il est torturé, masochiste acharné à se détruire.

Si l'on ajoute que Bouvard et Pécuchet s'expriment le plus souvent par lieux communs et que ces lieux communs sont également le fait des interventions d'auteur, comme on le constate dans le jeu des parenthèses ou dans les passages en style indirect libre, dans un système très voisin de celui du *Dictionnaire des Idées reçues,* il est difficile de douter des intentions auto-parodiques de l'auteur, mais la parodie, dans *Bouvard et Pécuchet,* nous a paru aller très au-delà du parodiste et c'est tout le roman ou, plus précisément un certain nombre de genres de romans qui sont en cause, parmi lesquels nous citerons le roman traditionnel, le roman d'aventures, le roman poétique et le roman d'amour.

Du roman traditionnel, nous avons retenu essentiellement la technique de la programmation poussée jusqu'aux limites de l'absurdité plaisante, programmation des fantasmes, des échecs, par le biais de l'ironie (de qui contre qui ?), des interventions d'auteur, du style indirect libre, en un mot, de ficelles de rhétorique si visibles qu'il n'est pas possible qu'on ait jamais eu l'intention de les dissimuler! Ainsi ce bref passage :

> « Dans les galeries du Muséum, ils passèrent avec ébahissement devant les quadrupèdes empaillés, avec plaisir devant les papillons, avec indifférence devant les métaux ; les fossiles les firent rêver, la conchyliologie les ennuya. Ils examinèrent les serres chaudes par les vitres, et frémirent en songeant que tous ces feuillages distillaient des poisons. Ce qu'ils admirèrent du cèdre, c'est qu'on l'eût rapporté dans un chapeau.
>
> Ils s'efforcèrent au Louvre de s'enthousiasmer pour Raphaël. A la grande bibliothèque ils auraient voulu connaître le nombre exact des volumes.
>
> (...) En admirant un vieux meuble, ils regrettaient de n'avoir pas vécu à l'époque où il servait, bien qu'ils ignorassent absolument cette époque-là. D'après de certains noms, ils imaginaient des pays d'autant plus beaux qu'ils n'en pouvaient rien préciser (...)»

L'aspect le plus subtil de cette programmation est le non-dit. Le lecteur est au courant de tout ce qui ne se passera pas — puisque la non-action est l'action essentielle du livre — et il reste entièrement libre de comprendre ou de ne pas comprendre, puisque rien n'est explicité. Les personnages se déduisent en quelque sorte d'une architecture rhétorique minutieusement structurée. L'existence de Bouvard et Pécuchet, à partir de leur rencontre, est chargée jusqu'à la saturation d'événements contradictoires, entreprises, ratages, grandes espérances, amères déceptions. La première phrase du passage retenu se présente comme un véritable graphique, par l'organisation de l'énumération. La monotonie est brisée par le petit stress que provoque la dissymétrie : la figure dominante restant l'asyndète EBAHISSEMENT, PLAISIR, INDIFFÉRENCE LES FIRENT RÊVER, LES ENNUYA, une double dissymétrie laisse à supposer que les rouages sont peut-être moins bien huilés qu'ils n'en avaient l'air, un groupe binaire inattendu a succédé au groupe ternaire à la reposante harmonie et deux verbes ont succédé à trois substantifs... Ces bonshommes réservent des surprises. Tantôt ils sont sujets (*ils passèrent, ils examinèrent, frémirent,* etc...) et tantôt ils deviennent objets (*les fit rêver, les ennuya,* etc...), changement de statut qui constitue une intervention d'auteur au même titre que les indications en filigrane sur le degré de culture des personnages, encore que, une fois de plus, rien n'ait été dit. Qui, à la limite, songe que TOUS les feuillages des serres chaudes distillaient des poisons ? Qui admire (au sens étymologique vraisemblement) que le cèdre du Liban ait été rapporté dans un chapeau ? Qui, en finale, préfère le rêve à la réalité, le mystère à son explication scientifique ? Bouvard, Pécuchet ou Flaubert ?

Le premier chapitre terminé, il n'y a plus qu'à attendre l'évolution d'une situation dont tous les éléments ont été indiqués : nous sommes bien dans le roman traditionnel ou, si l'on préfère, dans le type banal du roman événementiel où les matériaux sont rassemblés dès l'ouverture, mais le roman traditionnel se divise lui-même en sous-genres et l'ambiguïté dans le cas présent est la multiplicité des sous-genres, ainsi que nous l'avons annoncé.

Le plus fréquent est le roman d'aventures, dont un certain nombre de ressorts sont parodiés :

le cadre vide des trois premiers paragraphes laisse le champ largement ouvert aux possibilités. Les indices de temps (« chaleur de trente-trois degrés », « atmosphère tiède », « dimanche », « été ») et de lieu (« boulevard Bourdon », « canal Saint-Martin ») délimitent une aire quasi neutre à l'intérieur de laquelle TOUT peut se passer et le suspense qui sert de transition entre le troisième et le quatrième paragraphes

DEUX HOMMES PARURENT

permet toutes les suppositions. Un bon roman noir ne serait pas introduit différemment.

L'enfance et l'adolescence tragiques ou mystérieuses des héros évoquent les personnages d'Eugène Sue ou du moins bon Balzac. Pécuchet n'a pas connu sa mère, morte très jeune, quand on le place, à quinze ans, chez un huissier, cet huissier est, pour indélicatesse, envoyé aux galères. Homme aux cent métiers — ainsi débutent toutes les grandes carrières! — l'homme à la casquette sera successivement maître d'étude, élève en pharmacie (comme le Justin de M. Homais), comptable sur un de ces paquebots de la haute Seine comme on n'en rencontre guère que dans l'*Éducation sentimentale,* et, au bout de la trajectoire, expéditionnaire au Ministère de la Marine, où il aurait pu avoir Maupassant pour collègue si Flaubert n'avait pu faire muter à temps son jeune ami à l'Instruction Publique... Tout se recoupe dans un réseau intertextuel au centre duquel se retrouve toujours Flaubert.

Autour de Bouvard, tout est mystère, tout est surprise, tout est coup de théâtre et les ressorts sont aussi usés que ceux de Paul de Kock ou de Ponson du Terrail que Flaubert lut sans l'avouer. Les plus lointains souvenirs du sémillant quinquagénaire se situent dans une cour de ferme dont il ne sait plus rien, un homme qui se dit son oncle l'arrache au fumier natal et l'emmène à Paris où il lui trouve une petite situation. Il se marie, sa femme l'abandonne. Il devient expéditionnaire, comme Pécuchet, mais, à la terne et déprimante sécurité du fonctionnariat il a préféré une maison de commerce et ses revenus, modestes, comme il se doit, lui permettent tout juste de peu travailler et de faire un somme quotidiennement à l'estaminet.

Les nœuds de l'action sont d'une invraisemblance... parodique : une lettre de notaire, un héritage providentiel, un oncle qui se révèle être un père, tout y est, même les dialogues où Flaubert fait mine de tirer à la ligne comme Dumas père en personne :

> « Pas possible ! Mon oncle est mort ! J'hérite ! »

A la richesse des échanges, dont nous venons de fournir un exemple caractéristique, il convient d'ajouter un louable souci de précision dans les chiffres et les dates, ce qui ne laisse aucune place au doute sur la véracité du récit. S'il reste quelque flottement, soigneusement souligné d'ailleurs, sur la date du paiement définitif du domaine de Chavignolles (vers la fin de 1840), nous savons en revanche qu'il en coûta 143 000 francs au nouveau propriétaire. Il faut toujours rassurer le lecteur sur le fait qu'il n'est pas mené en bateau.

Une phrase comme celle-ci fourmille de précieux indices :

> « Un après-midi (c'était le 20 janvier 1839) Bouvard étant à son comptoir, reçut une lettre, apportée par le facteur.»

Rien de superflu dans l'économie d'un roman d'aventures populaire : il était trop vague de dire qu'il s'agissait d'un après-midi, qui aurait été un après-midi comme un autre. La date complète donne du poids et interdit qu'il puisse s'agir d'une imagination de romancier. Il faut que le message soit important pour qu'on l'adresse au lieu de travail de Bouvard au lieu de le lui envoyer chez lui et l'authenticité de la lettre est garantie par le facteur, séparé par une virgule, en rejet, à la place noble, en bout de phrase.

Flaubert, néanmoins, n'est pas toujours aussi sérieux qu'il veut s'en donner l'air et je ne suis pas toujours sûr de l'authenticité totale des dates ainsi fournies en témoignage. Ainsi, il est dit que Pécuchet quitta « la Capitale » (style Homais) le dimanche 20 mars et, pour que le dimanche tombe un 20 mars, il faut attendre 1842. Or l'installation eut lieu, si l'on en croit tous les autres indices, en 1841 où le 21 était un samedi !

Parodie du mauvais roman d'aventures, *Bouvard et Pécuchet* l'est aussi du roman poétique, encore que la mode en eût quelque peu passé. Maupassant, dans ses *Dimanches d'un bourgeois de Paris* se souviendra de ces évasions des deux copistes :

> « Un dimanche ils se mirent en marche dès le matin ; et passant par Meudon, Bellevue, Suresnes, Auteuil, tout au long du jour, ils vagabondèrent entre les vignes, arrachèrent des coquelicots au bord des champs, dormirent sur l'herbe, burent du lait, mangèrent sous les acacias des guinguettes, et rentrèrent fort tard, poudreux, exténués, ravis. Ils renouvelèrent souvent ces promenades.»

C'est là, certes, poésie de pacotille pour midinette anémiée et le premier contact avec la nature devenue LEUR nature aurait été fort décevant si le narrateur n'était pas intervenu :

Bouvard et Pécuchet, prosaïques, en faisant leur premier tour de jardin sur le coup de minuit, ont plaisir « à nommer tout haut les légumes : « Tiens : des carottes ! Ah! des choux.» mais le narrateur prend le relais :

> Ensuite, ils inspectèrent les espaliers. Pécuchet tâcha de découvrir des bourgeons. Quelquefois, une araignée fuyait tout à coup sur le mur ; — et les deux ombres de leurs corps s'y dessinaient agrandies, en répétant leurs gestes. La nuit était complètement noire ; et tout se tenait immobile dans un grand silence, une grande douceur. Au loin, un coq chanta.»

On n'est plus loin, alors, du fantastique : l'imagination a revêtu la réalité de couleurs inattendues et l'on voit pointer l'inguérissable romantisme.

Le coq, néanmoins, pourrait poser problème et il n'est pas absolument impossible qu'il y ait parodie discrète de l'évangile, quand on se souvient que, comme Saint Pierre, Bouvard a menti trois fois, la première en disant qu'il n'était pas marié, sans mentionner qu'il l'avait été, la seconde en semblant ignorer que le portrait à l'huile qui orne sa chambre représente son père, alors que l'innocent Pécuchet est frappé de la ressemblance, la troisième enfin en se présentant comme un négociant retraité. Notre hypothèse est d'ailleurs trop fragile pour que nous insistions, alors que nous sommes persuadé que, roman traditionnel d'aventures et roman pseudo-poétique, *Bouvard et Pécuchet* est aussi une parodie de roman d'amour.

Les étapes de l'idylle, d'autant plus plaisantes qu'il s'agit de deux grotesques, se succèdent dans l'ordre accoutumé :
— le choc de la découverte :

> « Leurs paroles coulaient intarissablement, les remarques succédant aux anecdotes, les aperçus philosophiques aux considérations individuelles.»

— la recherche des similitudes :

> « Ils faillirent s'embrasser par-dessus la table en découvrant qu'ils étaient tous les deux copistes [...]

— l'échange des identités :

> « (Bouvard) s'appelait de ses noms de baptême François, Denys, Bartholomée. Ceux de Pécuchet étaient Juste, Romain, Cyrille ; et ils avaient le même âge ; quarante-sept ans! Cette coïncidence leur fit plaisir mais les surprit, chacun ayant cru l'autre beaucoup moins jeune.»

Ils ont conscience qu'il ne s'agit pas d'une rencontre banale et sans lendemain, mais bien d'un bouleversement dans une existence qui leur apparaissait comme définitivement enclose dans des limites immuables, à peine discernables du néant. Les bancs publics auront, une fois encore, joué leur rôle d'entremetteurs et tout, dorénavant, ira très vite :

> « Ainsi, leur rencontre avait eu l'importance d'une aventure. Ils s'étaient, tout de suite, accrochés par des fibres secrètes. D'ailleurs, comment expliquer les sympathies ? Pourquoi telle particularité, telle imperfection indifférente ou odieuse dans celui-ci enchante-t-elle dans celui-là ? Ce qu'on appelle le coup de foudre est vrai pour toutes les passions. Avant la fin de la semaine, ils se tutoyèrent.
> Souvent, ils venaient se chercher à leur comptoir. Dès que l'un paraissait, l'autre fermait son pupitre et ils s'en allaient ensemble dans les rues.»

Comme tous les amants du monde, ils tiennent à se partager leurs amis et, selon la logique du cœur, chacun n'a que défiance pour l'ami de l'autre en qui il voit obscurément un rival : Pécuchet trouve Barberou antipathique et Dumouchel ennuie Bouvard. Le couple étrange est soudé pour le meilleur et pour le pire, François le soudard et Juste la vieille fille qui n'ont plus qu'à se mettre en ménage. Dès l'arrivée à Chavignolles, le heurt providentiel d'un meuble contre la cloison qui sépare leurs deux chambres leur révèle l'existence d'une porte communicante dissimulée par la tapisserie. Nous ne saurons rien de plus, et il n'y a rien de plus à savoir, si ce n'est que Flaubert s'amuse et qu'il joue des ambiguïtés de situations comme du reste. Il doit s'amuser d'autant plus prodigieusement en écrivant *Bouvard et Pécuchet* qu'il emprunte le plus souvent la rhétorique du Garçon, dont une des figures de base est le lieu-commun, mot que nous entendrons au sens de cliché, et non au sens philosophique.

La conversation qui amorce les relations des deux hommes n'est qu'une enfilade de consternantes stupidités, de remarques attendues, de vérités d'évidence ou de contre-vérités et le narrateur relance quand l'intérêt risquerait de languir.

Visiblement, le *Dictionnaire des idées reçues* se constitue :

> « Mais la banlieue, selon Bouvard, était assommante par le tapage des guinguettes. Pécuchet pensait de même.»

Pécuchet s'étonne qu'on ait plus chaud dehors que chez soi quand il fait une température de trente-trois degrés.

Le narrateur intervient pour une plate description où ne manque aucun élément attendu :

> « C'était trois calèches de remise qui s'en allaient vers Bercy, promenant une mariée avec son bouquet, des bourgeois en cravate blanche, des dames enfouies jusqu'aux aisselles dans leur jupon, deux ou trois petites filles, un collégien.»

Ce médiocre passe-boules n'est que prétexte à philosopher :

> « La vue de cette noce amena Bouvard et Pécuchet à parler des femmes, qu'ils déclarèrent frivoles, acariâtres, têtues. Malgré cela, elles étaient souvent meilleures que les hommes ; d'autres fois elles étaient pires. Bref, il valait mieux vivre sans elles [...]»

Nous sommes dans l'« hénaurme » et aucun travail d'exégèse n'est nécessaire pour démasquer le Garçon, mais en est-il de même dans la phrase suivante, la deuxième du livre :

> « Plus bas le canal Saint-Martin, fermé par les deux écluses, étalait en ligne droite son eau couleur d'encre.
> [...] le grand ciel pur se découpait en plaques d'outremer, et sous la réverbération du soleil, les façades blanches, les toits d'ardoises, les quais de granit éblouissaient.» ?

Les deux copistes font ici un devoir de style, niveau grands débutants, ils décrivent un canal par un jour de soleil, et ils sont vraisemblablement tout fiers d'avoir trouvé des images aussi originales qu'« *eau couleur d'encre* » et « *plaques d'outremer* » ou d'avoir flanqué leurs substantifs d'adjectifs aussi indispensables. L'écriture de Bouvard et Pécuchet apparaît avant Bouvard et Pécuchet...

Dans l'utilisation abusive de l'antithèse, de la symétrie et de la dissymétrie, nous verrons également une parodie de la rhétorique par la rhétorique. Ils parviennent même à être symétriques par la perfection même de leurs caractéristiques antithétiques :

BOUVARD	*PÉCUCHET*
L'un	L'autre
Bastille	Jardin des Plantes
le plus grand	le plus petit
vêtu de toile	redingote
chapeau en arrière	casquette à visière pointue

ASSIS COTE A COTE
ONT TOUS LES DEUX LEUR NOM DANS LEUR COIFFURE

désigné comme le « voisin » de Pécuchet	désigné comme un *particulier*
pantalon à grands ponts qui godait par le bas	jambes prises dans des tuyaux de lasting
cheveux blonds, frisés	mèches plates et noires

ÉCHANGE DE LIEUX COMMUNS
COPISTES

maison de commerce	au ministère de la Marine
appartement	appartement

AGE
Voyagent séparément
mais : chambres communicantes
« ils bavardèrent quelque temps, puis s'endormirent »

Bouvard sur le dos, la bouche ouverte, tête nue,	Pécuchet sur le flanc droit, les genoux au ventre, affublé d'un bonnet de coton

La disposition du tableau permet de voir d'un seul coup d'œil ce qui les rapproche et ce qui les sépare, mais l'antithèse de leurs deux logis pourrait presque passer pour une parodie de l'étude sociologique :

BOUVARD
rue de Béthune

La chambre de Bouvard, bien cirée, avec des rideaux de percale et des meubles en acajou, jouissait d'un balcon ayant vue sur la rivière. Les deux ornements principaux étaient un porte-liqueurs au milieu de la commode, et le long de la glace des daguerréotypes représentant des amis ; une peinture à l'huile occupait l'alcôve.

PÉCUCHET
rue Saint-Martin

Un bureau de sapin placé juste dans le milieu incommodait par ses angles ; et tout autour, sur des planchettes, sur les trois chaises, sur le vieux fauteuil et dans les coins se trouvaient pêle-mêle plusieurs volumes de l'Encyclopédie Roret, le *Manuel du magnétiseur,* un Fénelon, d'autres bouquins, — avec des tas de paperasses, deux noix de coco, diverses médailles, un bonnet turc — et des coquilles, rapportées du Havre par Dumouchel. Une couche de poussière veloutait les murailles autrefois peintes en jaune. La brosse pour les souliers traînait au bord du lit dont les draps pendaient. On voyait au plafond une grande tache noire, produite par la fumée de la lampe.

Les rues mêmes où sont sises les maisons où logent Bouvard et Pécuchet constituent une parfaite antithèse : la rue (aujourd'hui quai) de Béthune fut toujours une résidence aristocratique où il fait bon vivre, en raison du calme et de la beauté du cadre, alors que la rue Saint-Martin, plus pittoresque sans doute, à deux pas des quartiers chauds et à une portée d'arbalète des quartiers résidentiels, abritait le petit commerce. Quand Pécuchet y habite, Lacénaire vient d'y commettre un double meurtre et, si la police n'y fouille plus les hôtels pour découvrir l'assassin de Henry IV, les prostituées y transitent encore avant de passer en justice. Il y a de tout rue Saint-Martin, comme dans la chambre de Pécuchet.

La description du logis de Bouvard est d'une sobriété qui, ici, n'est pas nécessairement l'indice du bon goût. S'y marque surtout le cossu : le grain serré de la percale convenait aux riches, ainsi que l'acajou des meubles et le brillant de la cire, mais le porte-liqueurs laisse un peu perplexe sur une commode et la décoration est au-dessous du médiocre. La facture modeste du portrait à l'huile est suggérée par sa double mise en relief (position en climax après les daguerréotypes et rejet à la fin de la phrase).

Le logis de Bouvard est un logis d'extraverti où tout est fonction de l'apparence, du dehors, ne fût-ce que le balcon « avec vue », objet de convoitise des bourgeois vaniteux. Pécuchet ne dispose que d'une chiche coquille d'introverti ; sa chambre est un théâtre de poche, construit à son image, où il joue tous ses rôles : ascète qui jouit de son inconfort, comme Bouvard de son balcon, il se veut tour à tour bricoleur, initié aux sciences occultes, collectionneur de riens, grand voyageur dans l'imaginaire et enchaîné à sa crasse quotidienne. Son bric à brac évoque celui de Flaubert à Croisset, dont il n'est peut-être que la parodie... Or, la forme supérieure de la parodie est l'ironie que l'on pourrait définir, à la limite, comme la rhétorique de la parodie, puisqu'elle prend toutes les formes de la rhétorique, qu'elle emprunte toutes les figures, qu'elle utilise tous les procédés. Elle atteint d'autant mieux son but qu'elle semble plus innocente et elle réjouit d'autant plus son auteur qu'elle est moins immédiatement saisie. Nous nous bornerons à un seul exemple, la parenthèse, excellent véhicule qui travaille sur plusieurs niveaux simultanés et laisse au lecteur le soin de choisir. S'agit-il, dans les cas suivants, d'une intervention d'auteur, d'une variante de style indirect libre ou, conformément à la définition du dictionnaire, d'« une phrase dans une période et formant un sens distinct »? Logique avec moi-même, je refuserai de répondre à la question que j'ai posée et qui n'est, bien entendu, qu'une interrogation rhétorique :

> « Décidément (et Pécuchet en était surpris) on avait encore plus chaud dans les rues que chez soi!»
> « Cet auteur (car il avait publié une petite mnémotechnie) donnait des leçons de littérature dans un pensionnat de jeunes personnes, avait des opinions orthodoxes et la tenue sérieuse.»
> « Un après-midi (c'était le 20 janvier 1839).
> « Ils s'achetèrent des instruments horticoles, puis un tas de choses « qui pourraient peut-être servir » telles qu'une boîte à outils (il en faut toujours dans une maison), ensuite des balances, une chaîne d'arpenteur, une baignoire en cas qu'ils ne fussent malades, un thermomètre, et même un baromètre « système Guy-Lussac » pour des expériences de physique, si la fantaisie leur en prenait. Il ne serait pas mal, non plus (car on ne peut pas toujours travailler dehors), d'avoir quelques bons ouvrages de littérature [...]
> « Seulement, tant de la ferme que de la maison (l'une ne serait pas vendue sans l'autre) on exigeait cent quarante trois mille francs.»

A croire que Bouvard et Pécuchet n'auraient vécu qu'entre parenthèses. Ils sont programmés pour la non-existence ou le ratage et leur besoin d'évasion est comme stoppé par les interdits des idées reçues... le Nord est fertile, mais trop froid, le Midi enchanteur, mais incommode à cause des moustiques, le Centre n'a pas d'intérêt, la Bretagne est cagote, à l'Est on parle un patois germanique et que dire de tous ces pays auxquels il ne faut pas songer puisque leur nom ne dit rien! Ces rêves déçus dès que formulés ne pouvaient trouver un début de réalisation qu'à Chavignolles ... qui ne figure sur aucun atlas !

Pierre COGNY

SUR LE GROTESQUE TRISTE DANS
BOUVARD ET PÉCUCHET

Il me semble que *Bouvard et Pécuchet* (1) est doublement le chef d'œuvre du *grotesque triste* qui en constitue la dynamique philosophique (c'est un roman philosophique), et la poétique, la loi des événements qui s'y déclenchent (c'est un roman). Le « grotesque triste » serait alors la forme du sens dans *Bouvard et Pécuchet* (2). Cette question, bien trop considérable pour les limites de mon exposé, je ne peux l'aborder qu'en fonction d'hypothèses, ou de postulats, ou de parti pris par lesquels je commencerai : je souhaite qu'on me pardonne cette profession de foi qui précède la démonstration.

Le grotesque triste relève d'une poétique. Par ses origines hugoliennes qui me semblent tangibles, elle s'apparente à tout effort d'union des tons, des genres, à tout dépassement des frontières de catégories littéraires, donc à l'alliance du rire et des larmes. Elle vise à une unité, une *synthèse* des contraires, ou à une neutralisation de l'un par l'autre ; cette unité serait le Réel ; elle serait la forme unique et totale qui aurait en commun avec l'Etre l'unité et la totalité. Le nom même de grotesque triste, qui indique un comique violent, démesuré et annulé, et corrigé en son contraire, renvoie à la théorie flaubertienne du comique absolu (3), ou non « relatif », ou non arbitraire. Alors que la bêtise humaine qui relativise toute chose à sa mesure, sépare le grotesque et le triste, et les falsifie par cette partialité, qui limite l'un et l'autre au parti pris d'une émotion subjective, d'une valeur isolable, le grotesque triste serait juste, universel, objectif, absolu, il est la « blague supérieure » (4) telle que Dieu la découvre quand il nous voit. Or « la blague supérieure » est le « point de vue » à partir duquel on peut « écrire les faits » et la formule fait évidemment penser à celle de Flaubert qui unit écriture et philosophie : « le style étant à soi tout seul une manière absolue de voir

---

1. L'édition de référence utilisée est l'édition Folio, de C. Gothot-Mersch, Gallimard, 1979. Pour la *Correspondance,* la mention T.I. renvoie à la Pléiade, de J. Bruneau, Gallimard, 1973 ; les mentions T.II,III, etc, à l'édition du Club de l'Honnête Homme, Paris, 1975.
2. L'idée est suggérée par Thibaudet, *G. Flaubert,* Gallimard, 1935, p. 199 ; par M. Bardèche, *l'Oeuvre de G. Flaubert, Les Sept Couleurs,* 1974, p. 390.
3. Sur cette idée, deux lettres capitales, *Cor.* I.307, et 348 ; dans la première, on retiendra la formule, « je me trouve très ridicule, non pas de ce ridicule relatif qui est le comique théâtral, mais de ce ridicule intrinsèque à la vie humaine elle-même... » ; dans la deuxième où Flaubert se demande si oui ou non il *sent* les charges, cette phrase, « car aimant beaucoup le grotesque, je sens peu le ridicule, le comique convenu ».
4. *Cor.* II,244 (8 oct. 1852), « quand est-ce qu'on écrira les faits au point de vue d'une blague supérieure, c'est-à-dire comme le bon Dieu les voit, d'en haut ».

les choses » (5). Flaubert affirme la même intention de transcender les réactions subjectives et relatives : le lecteur « ahuri » doit par cette confusion échapper à toute finitude émotive ou doctrinale, et se laisser prendre par un dénigrement qui illimite et transforme la banale satire.

La validité de la formule « grotesque triste » dans le domaine poétique, est non moins positive dans le domaine philosophique. C'est le point de vue du tout, ou de la vérité, le sens idéal, c'est-à-dire envisagé du point de vue de l'Idée, de l'Univers. Cette référence absolue fait apparaître pour qui y parvient le point de vue de la vérité, ou du moins le point de vue d'où la fausseté (la partialité humaine), est visible. C'est de là que la bêtise est mise en place, c'est le seul moyen de la faire voir, ce qui ne veut pas dire de la réfuter. Peut-être le grotesque triste appartient-il aussi à la bêtise, à une bêtise allant jusqu'au bout de la bêtise pour la faire exploser. Et s'il est sans doute vrai que chez Flaubert est bêtise tout ce qui est entre l'ignorance et l'art, ou le style, le grotesque triste serait ce point de vérité et de beauté où la bêtise est enfin dite, c'est-à-dire à la fois « stylisée » et révélée, sa formulation étant identique à sa perception « en vérité », ou à la seule vérité dicible à son sujet.

La dynamique créatrice du grotesque triste est de type confusionniste. Subversion des catégories littéraires, subversion des pseudo-concepts de l'esprit infatué de lui-même, subversion des classes imposées à la nature par l'égocentrisme et l'anthropocentrisme, il agit ou se manifeste par sa tendance à confondre, niveler, égaliser, il fait apparaître la relativité de tout ordre, au nom d'un postulat flaubertien du désordre, ou bien si l'on veut il renverse l'ordre (qui est un désordre) en désordre (c'est-à-dire dans le seul ordre). Ainsi en 1851 (6) Flaubert « tonne » contre les cimetières anglais, si propres, si ratissés, si fleuris et regrette les cimetières de l'Orient, friches sauvages et incohérentes ; plutôt dans un cimetière une vache errante qu'un policeman ! Car « est-ce bête l'ordre ! c'est-à-dire le désordre, car c'est presque toujours ainsi qu'il se nomme ». Le grotesque triste a un critère : son pouvoir confondant.

Le faux, le dérisoire, le bête sont le principe séparateur, la théorisation inlassable d'entités fermées et classées ; la vérité, ou ce qui nous en est concédé, c'est, à partir de la partie, apercevoir le Tout, le chaos de l'Etre détruisant la clôture des conventions et des prétentions humaines. Alors que le grotesque hugolien aboutit au jeu des antithèses, à la dialectique d'agonie du bas et du sublime, celui de Flaubert, ou ce qu'il appelle le « grotesque contenu » (7), est une suggestion du chaos, la dérive hors de toutes frontières, de tous systèmes, l'explosion catégorique. En ce sens dans *Bouvard et Pécuchet,* il faut commencer par la fin, c'est-à-dire la formule prononcée *in extremis* (8) par les deux copistes : « pas de réflexions. Copions. Il faut que la page s'emplisse,

---

5. *Cor.,* 16 janvier 1852.

6. *Cor.* II,144,28 sept. 1851.

7. *Cor.* I.575.

8. P. 443 éd. citée. Une lettre très étrange du 29 janvier 1854 réfléchit à propos de la mode sur le principe démocratique, ou égalitaire : il conduit à tout accepter et contient une anarchie confusionniste supprimant toute règle et toute généralité.

que le « monument » se complète. Égalité de tout, du bien et du mal, du beau et du laid, de l'insignifiant et du caractéristique. Exaltation de la statistique. Il n'y a de vrai que les phénomènes ». Telle est la conclusion non conclusive, dans laquelle on reconnaîtra les points essentiels de la poétique flaubertienne, et où la Bêtise atteint son couronnement dans le principe abhorré de l'égalité, porté au niveau métaphysique, et définissant la grande équation des contraires, le nivellement des catégories, l'indistinction des distinctions. Si l'égalité est stupide, la grande égalité finale du roman est le sommet pyramidal de la bêtise et la *fin* de la stupidité ; à la bêtise de la revendication égalitaire, succède la bêtise à la puissance deux de l'égalité absolue : les « simples » (9) que sont Bouvard et Pécuchet, comme l'a dit Maurice Bardèche, conduisent la bêtise à une sorte d'autodestruction triomphale où elle devient vérité, ou vérité esthétique.

A ce moment là je suis amené, et je ne puis le faire sans scrupules ni inquiétudes, à remanier la notion de Bêtise. Il y a celle qui affirme, classe, identifie, codifie, sépare, nomme, théorise, et systématise, qui parle par clichés, c'est-à-dire a conclu avant de commencer, il y a une deuxième Bêtise, celle-là « intelligente » ou seule forme d'intelligence, bien qu'elle soit sans intelligence, qui dés-affirme, dé-construit, désordonne, qui inverse le mouvement de la première en semblant en donner une imitation parodique, et qui traduit le soulèvement de toutes les puissances d'en bas, la coalition de tout le négatif, la grande alliance du laid, du sale, du raté, du bestial, de l'idiot, du vil, du bouffon. La Bêtise, c'est la pensée « basse », la bassesse faite pensée, mais il y a une « sur-bêtise », ou une « sous-bêtise », qui tend au désordre radical, c'est-à-dire à l'ordre selon elle. Flaubert en se réclamant du « synthétisme » disait bien que « la bêtise n'est pas d'un côté, et l'esprit de l'autre ; c'est comme le vice et la vertu, malin qui les distingue » (10). Autour de Flaubert, la bêtise est intégrée à la volonté globale du mal, ou du négatif, on reconnaît en elle une laideur morale au pouvoir fascinant. Tandis que le Voyant rimbaldien s'encourage à avancer dans les voies du dérèglement en totalisant tout ce qu'il peut « inventer de bête, de sale, de mauvais en action et en paroles », Baudelaire (11) avait salué dans le Démon de la perversité la bêtise comme suprême méchanceté, et déclaré que « la bêtise est souvent l'ornement de la beauté... la bêtise est souvent la conservation de la beauté... ». Dans la laideur et son corollaire la bêtise, il y aurait « tout un poème naïf de souvenirs et de jouissance ».

Bouvard et Pécuchet, imbéciles voués à pourfendre l'imbécillité, et à la généraliser, n'en sont-ils pas les *agents* ? Ceux par qui le scandale, ou le désordre, arrive. Mais le désordre, c'est l'ordre ! Avec eux on passera de la distinction sotte, à l'indistinction chaotique ; de l'affirmation niaise, au scepticisme, de la théorie à la copie. Objets du grotesque triste, Bouvard et Pécuchet, en sont les instruments, ils sont les témoins

---

9. *Op.cit.*, p. 387.
10. *Cor.* 2 août 1855, « le synthétisme est la grande loi de l'ontologie ».
11. O.C., Pléiade, 1975, T.I. 549.

de sa révélation, les organisateurs de sa dynamique, ceux par qui la bêtise, comme manipulation du sens, accède à la totalité, c'est-à-dire à la
vérité, à la beauté qui est bien la splendeur du vrai. Et ici il faut citer
la phrase capitale de Flaubert qui peut servir de guide pour cette réflexion : « ce qui n'a pas de sens a un sens supérieur à ce qui en a»(12).

*

* *

Ceci posé, il me faut revenir sur cette notion d'un comique absolu,
qui va nous éclairer la fonction confondante du grotesque triste. Certes
la formule flaubertienne oppose « le ridicule, ce comique convenu » au
« ridicule intrinsèque à la vie humaine elle-même ». Mais s'il y a une
« théorie » du comique chez Flaubert, on la trouvera dans la Première
Éducation Sentimentale (13). D'une part le personnage bourgeois, le
père d'Henry, confirme sa qualité de bourgeois, donc de classique,
d'homme « aux idées toutes faites sur tous les sujets possibles » et
d'homme aux émotions non moins faites et automatiques (il s'attriste
à un enterrement, il « pense » en voyant le clair de lune), par le fait
qu'il « pleurait aux mélodrames et s'attendrissait aux vaudevilles du
Gymnase ». Bon public il répond à chaque appel littéraire du réper-
toire ; pour lui les émotions comme les genres ne se mélangent pas. A
l'inverse la réflexion de Jules tend à relativiser à l'infini le comique.
Une notion étroite en fait l'écart par rapport à une norme, le négatif
d'un positif, le défaut à corriger, à rallier à une bonne conduite. Ce
comique est l'annexe inversée d'un sérieux, et la satire alors s'exerce à
l'intérieur d'un point de vue. Jules explore le comique moderne, et s'é-
tonne de sa richesse, de sa subtilité, de son extension : mais cette im-
mensité le gêne. Si tout est comique, il n'y a plus de point fixe permettant de désigner un objet de satire à un public. Qui rira de qui ? Tout le
monde est comique et ne peut devenir le juge du comique des autres.
« Qu'est-ce qui fera rire quand tout est risible » (14). Le comique su-
rabondant n'est plus perceptible : personne ne peut l'attribuer à coup
sûr à un autre, le situer en un point. Ainsi par un échange fondamental
chez Flaubert, les journaux satiriques et drôles, deviennent les plus
sérieux : « il n'y avait guère que le *Charivari* et le *Tintamare* qui ne le
fissent plus rire » (15). Ils ne peuvent pas dire le comique, ils ne sont
que le comique du comique. Jules constate qu'on « ne peut pas faire
la charge de la charge elle-même », et qu'il « est vraiment pénible pour
un auteur de penser que quelque bêtise qu'il fasse débiter à ses bouffons, les gens graves en diront toujours de plus fortes ». Autrement

---

12. *Cor.* I.247, juillet 1845.
13. Cf. édition Rencontre, Lausanne, 1964, p. 205-7 et p. 277-8. H. Guille-
min, dans *Flaubert devant la vie et devant Dieu*, La Renaissance du livre, 1963,
p. 137 et sq. a bien montré le refus flaubertien du rire satirique, ou du rire voltairien d'incrédulité.
14. Même argument dans la lettre du 18 sept. 1846, « où trouvera-t-on de la
farce, du moment que tout l'est?» ; et de fin déc.1846,T.I.,p.422, « quand on est
disposé à voir le grotesque partout, on ne le voit nulle part ».
15. Même idée dans le dossier de *Bouvard*, p. 446.

dit la sphère du comique contient tout, elle comprend le sérieux, donc le comique n'est plus *relatif* ; la proposition risible ne suppose plus une proposition contraire qui serait la bonne.

Le grotesque triste élimine donc la satire habituelle, et toute reprise par un point de vue, une doctrine, une idéologie, qui ramènerait au *relatif*. Serait « absolu » le point de vue *double,* cette vision binoculaire (16) si justement décrite par Thibaudet, le point de vue *large* (on connaît le « soyons larges » de Flaubert, « le roman à cadre large » d'où est né *Bouvard et Pécuchet*) (17) qui fait éclater les classifications ou les unit, le mouvement qui fera du grotesque quelque chose de triste, et du triste quelque chose de grotesque, qui établira leur réversibilité, leur succession, leur combinaison, l'appel constant au terme opposé, qui créera l'équivalent d'un point fixe, le point de vue « olympien » (18) dont Flaubert est soucieux. En cherchant à rendre grotesque et tristesse relatifs l'un à l'autre, Flaubert les libère de tout exclusivisme relatif.

Thibaudet encore a parlé du texte *bilingue* de Flaubert qui intègre l'un à l'autre le poétique et le comique. Là se trouve ce «quelque chose de complet » (19), qui a l'intégralité de l'Etre et l'universalité de l'Idée. Je ne citerai pas les textes innombrables qui témoignent de cette dominante de l'antithèse dans la poétique flaubertienne : la loi est générale d'unir ce qui est séparé, comique et poétique comme chez Cervantès, ironie et sentiment, lyrisme et vulgaire, encens et urine, luxure et ascétisme, illusion et désillusion, être « gaiement mélancolique », « bouffonement amer », etc. (20). L'essentiel dans la perspective d'une étude de *Bouvard et Pécuchet*, c'est de dégager comment les contraires, dès lors qu'ils s'expliquent et s'impliquent, s'expriment et se complètent. Il y a « blague supérieure » si chaque élément « blague » l'autre, et finalement « se blague » lui-même. D'où l'appel nécessaire que le « sérieux du comique » adresse au « comique du sérieux » (21), que la joie fait au chagrin ; d'où le mouvement de déboublement qui interdit à chaque instance de se prendre pour un absolu, et qui relance sans fin l'hésitation entre le sérieux de la plaisanterie et la plaisanterie du sérieux. L'absolu du mouvement, remplace l'absolu des entités closes ; chaque terme est une instance d'appel pour l'autre. Mais il y a plus : le grotesque triste suppose que toute réalité est d'un certain point de vue sa propre parodie, peut être vue comme sa propre caricature, contient son principe de destruction. L'objet comporte cette faille, cette propension à la faillite, qui est sa vérité, et avec qui il forme un Tout. L'au-delà des apparences, l'Idée des choses, est leur négativité. La trouver, c'est voir « la chose-en-soi », ou du moins sortir de l'illusion de « la chose-pour-moi » née de mes limites et de mon attente. Quand donc Flaubert

---

16. *Op.cit.*, p. 79, à propos de *Don Quichotte,* ou de la « fusion du comique et du poétique qui était impliquée dans tout l'être intérieur de Flaubert, et dont il cherchait l'expression littéraire depuis son enfance ».

17. *Cor.* I.679,4 sept. 50 ; de même 7 juillet, 16 sept. 1853, et T.II 264-5 sur l'opposition du point de vue « étroit » au point de vue « humain ».

18. *Cor.* IV, 192,12 déc. 1872.

19. *Cor.* I.56,19 nov. 1839.

20. Voir *Cor.* I 272 ;382;385;487;491;T.II 215;224.

21. *Cor.* I 721, 15 déc. 1850. De même I.188,275 ;I.222,« amer et farce ».

exalte la désillusion pour ses vertus poétiques (22), chante l'« hymne de l'amertume et de la dérision », réclame « l'éternel coup de sifflet au milieu de tous nos triomphes... (23) la désolation dans l'enthousiasme», quand il manifeste le démon désintégrateur qui sommeille en chacun, c'est en précisant qu'une telle poésie est « complète », qu'elle est « la grande synthèse », la satisfaction donnée à « tous les appétits de l'imagination et de la pensée ».

Nous sommes alors dans le Tout, dans l'au-delà des oppositions subjectives, et cette unité entr'aperçue participe d'un mouvement d'ascension, d'un élargissement de l'esprit qui transcende les limites, et découvre avec l'oxymore universel la nullité de ses habitudes mentales. Ainsi, le point central de la vision « grotesque triste », est d'ordre analogique, il s'agit de voir ce qui unit, l'échange et l'identité, celle de la vie et la mort, d'Éros et de Thanatos, des vivants et des morts, comme le dit Flaubert en 1852 (24) en voyant sur la tombe de son père un tabouret de jardin familier. Enfin le grotesque triste est aussi absolu par son outrance : Flaubert le ramène toujours à une dimension d'excès, où loin de se neutraliser les contraires s'aiguisent, l'ironie « outre le pathétique », « le comique arrivé à l'extrême... ne fait pas rire », il devient « le lyrisme de la blague » (25). De ce nec plus ultra du risible, il donne comme exemple la profondeur vertigineuse des grands mots moliéresques, où « sont les deux éléments humains ». Dans ce gigantisme dérisoire, on est encore dans l'absolu, parce qu'il ne s'agit pas de protester (au nom de quoi ?), ni de rire en se désolidarisant, mais de consentir, et même de rêver. Comme la nature, comme l'art (il est des deux à la fois), le grotesque triste outrepasse l'explication, et, image de l'infini, la déborde et la stimule indéfiniment. Flaubert dira que la nature est «bête» aussi bien que les grandes œuvres qui « sereines d'aspect et inexplicables » parviennent à « faire rêver comme la nature » (26).

Voir le grotesque triste c'est contempler l'être, se perdre en lui, sans pouvoir l'embrasser ou l'analyser. Il nous relativise définitivement. De là peut-être le mystère de tant de pages de *Bouvard et Pécuchet* et les leçons de modestie infligées au critique. Par exemple le coup de génie accablant de faire perdre à Pécuchet son innocence « sur un tas de fagots », dans sa propre cave où il a entraîné Mélie sous prétexte de « compter les bouteilles » et de voir « le fond des tonneaux », en fait parce que « les ténèbres lui donnaient de l'audace ». Après quoi, dit Flaubert, « je vais maintenant lui foutre une belle vérole » (27). Étrange acharnement contre le sexe, terrible accablement du « héros ». Mais dans cette séquence ne trouve-t-on pas au fond les punaises de l'Almée, l'« odeur nauséabonde » près « des parfums orientaux ». Seulement le grotesque triste égyptien, explicite, flamboyant, est ici sa propre

22. Cf. *Cor.* I 222, « comme si la désillusion n'était pas cent fois plus poétique par elle-même » ; de même I. 286 sur l'« hymne de l'amertume et de la dérision ».
23. *Cor.* 27 mars 1853.
24. Voir *Cor.* II,243,I° oct. 1853 à propos du grotesque des funérailles ; de même I.314 sur le charme de la végétation dans les ruines ou les cimetières.
25. Cf. *Cor.* le 8 mai 1852 ; de même 1° juin, 15 juillet 1853.
26. Cf. *Cor.* II 398, 26 août 1853 ; II, 215 ; ne pas oublier « le plateau stupide » entre Caen et Falaise vu par Flaubert, *Cor.* IV,312, 24 juin 1874.
27. *Cor.* V, 109, 15 déc. 1878.

caricature, le même modèle se retrouve et se parachève à cette immense distance parodique, qui corrode le grotesque et le triste pour les unir. On peut de même reconnaître, outre Baudelaire, le cimetière de Jaffa dans la charogne rencontrée par Bouvard et Pécuchet : le poème de la vermine fait grouiller de vie la mort et lui donne toute la férocité de la vitalité. Mais les autres perles, comme celle du « café indispensable au militaire », qui semblent les plus heureuses parce qu'elles sont les plus mystérieuses, les plus naïvement injustifiées, on leur trouvera la saveur de l'étrange : découpées sur un préjugé d'origine inconnue, parties d'un système autre, elles font rêver au reste, au Tout qui les a produites.

*
* *

Quant à la filiation hugolienne, que j'ai évoquée, je voudrais y revenir à titre de confirmation. Elle a été établie par J. Bruneau (28) à propos de *Smarh,* et commentée abondamment par Sartre. On sait l'importance du drame hugolien pour Flaubert, (sa bataille d'*Hernani* fut une représentation de *Ruy Blas* à Rouen) (29). Mais je voudrais tenter de cerner de plus près les rappels de la *Préface de Cromwell,* ou les hommages de Flaubert à l'entrée de l'« élément grotesque dans le drame », à la « poétique de l'école moderne » pour qui, nous dit le jeune Flaubert, « le beau se compose du tragique et du bouffon », poétique, ajoute-t-il en une formule peut-être décisive pour tout le XIXème siècle, « qui a l'avantage sur les autres de ne pas en être une ». La parenté profonde des deux poétiques, hugolienne et flaubertienne, me semble se trouver dans la critique du beau « complet » (30), comprenons bien, non pas total, mais au contraire *restreint,* reposant sur un choix subjectiviste, (« restreint comme nous » dit Hugo), conforme à « notre harmonie » ; au contraire le laid « est un détail d'un grand ensemble qui nous échappe et qui s'harmonise non pas avec l'homme, mais avec la création tout entière ». Il est donc *incomplet* en ce sens, et plus complet en un autre, parce qu'il n'est pas relatif à nous.

Ce point de vue hugolien est celui de Flaubert, chaque fois évidemment qu'il dénonce la *déclamation* ou la *personnalité* de l'auteur, chaque fois aussi qu'il s'en prend à l'erreur des poétiques fondées sur l'exclusion et la décision, qui cherchent à avoir « plus d'esprit que le bon Dieu », à refaire le monde au lieu de l'accepter. La Première *Éducation Sentimentale* (31) esquisse ainsi une poétique de la laideur

28. Cf. *Les débuts litt. de G. Flaubert,* A. Colin, 1962, p.103 et n,210 et sq., 228, 254.

29. *Cor.* I.33,40;50. Voir encore I.28,328 ; et les 8,15 juillet, 12 sept.1953.

30. On se reportera dans la *Préface de Cromwell,* p.50, Nvx Classiques Larousse, au texte suivant : « Le beau n'a qu'un type ; le laid en a mille. C'est que le beau à parler humainement n'est que la forme considérée dans son rapport le plus simple, dans sa symétrie la plus absolue, dans son harmonie la plus intime avec notre organisation. Aussi nous offre-t-il toujours un ensemble complet, mais restreint comme nous. Ce que nous appelons le laid au contraire est un détail d'un grand ensemble qui nous échappe et qui s'harmonise non pas avec l'homme, mais avec la création tout entière. Voilà pourquoi il nous présente sans cesse des aspects nouveaux, mais incomplets ».

31. Voir éd.citée, p.267-71 en particulier sur le monstre ; *Cor.* 8 février 1852; 27 mars 1853 ; 23 janvier 1854.

très proche de Hugo : « la laideur n'existe que dans l'esprit de l'homme, c'est une manière de sentir qui révèle sa faiblesse... ». Si toute esthétique est un choix, il vaut mieux pratiquer l'esthétique du non-choix ; point de vue qui fait éclater les points de vue, le grotesque triste restitue la totalité, et nous met en rapport avec le Tout ; le beau est un fragment, le grotesque triste, un rétablissement de l'unité.

*
* *

Du coup nous pouvons revenir sur les rapports du grotesque triste et de la bêtise. Disons brutalement qu'ils sont l'un et l'autre le bon côté des choses, le bon point de vue : loin d'être seulement un objet de satire, la bêtise a une fonction positive, dans la mesure où elle nous place du côté du Tout. Je m'explique. J. Bruneau (32) a montré le rôle que l'image, le modèle de Rabelais ont joué dans la formation de Flaubert ; en particulier la place tenue par l'étude de Philarète Chasles sur *Panurge, Falstaff, et Sancho* ; d'une part l'écrivain moderne sera un « nouveau Rabelais », un Héraclite devenu Démocrite ; de l'autre la trilogie grotesque (venue elle-même des « Homères bouffons » de Hugo), annonce la vérité moderne de la révolte du corps contre l'âme, la déroute de l'idéalisme. Les héros bouffons ont la fonction d'insoumission dont nous avons parlé. Ils sont la revanche du rire, du corps, du bas ; ils représentent la montée de la matière, le rire nanti d'un pouvoir de destruction universelle par la parodie. A ce sujet, il faudrait dire que de Gaudissart à Robert Macaire, la Blague est peut-être un thème constant du siècle ; dans *Manette Salomon,* n'a-t-on pas avec Anatole le portrait de l'artiste en Blagueur ? Mais le rire d'en bas, s'il devient le rire de la matière se moquant des contraintes idéales, s'il devient le rire du Tout se moquant de la partie, devient lui-même *bête* sinon bestial (33). La bêtise c'est ce qui rit absolument, la dérision de tout sens, s'approchant du non-sens.

Chez Flaubert le fait de rire de la bêtise ne se sépare pas du fait de partager le rire de la bêtise. On ne crée pas le grotesque triste sans passer de son côté, sans le devenir. Sans participer à la mise en question radicale qu'il contient, et qui se fait à partir du refus du sens, de la naïveté bénéfique de l'idiot, d'un intuitionnisme mystique et animal à la fois qui ne refuse pas telle pensée (toute pensée se vaut), mais toute pensée, toute discipline intellectuelle limitative et coercitive. Alors le modèle, plus que les trois bouffons, c'est peut-être Caliban, l'homme-bête, l'homme vierge de l'humanité et des sens qu'elle impose aux choses comme aux instincts. Bouvard et Pécuchet ne sont-ils pas à eux deux un Caliban romantique ? Thibaudet (34) qui le premier je crois a vu ce pas-

32. CF. *op.cit.,* p.261,265-7. L'article de Ph. Chasles a paru dans la *Revue de Paris* de mai 1829. On connaît la formule de *Cor.* I.28 sur Rabelais et Byron, « les deux seuls qui aient écrit dans l'intention de nuire au genre humain et de lui rire à la face ». Dumesnil dans l'éd. des Belles Lettres de *Bouvard,* p.xii,xvi,xxxiv, a affirmé la permanence de l'influence du modèle rabelaisien sur le romancier.

33. On pensera à l'aveu de la *Cor.,* 5 août 1857, « bas, bouffon, et obscène, tant qu'on voudra, mais lugubre nonobstant ».

34. *Op.cit.,* p.20 et sq. sur le Garçon, et ensuite p.188-90. On pensera au projet du livre qui devait paraître écrit « par un crétin ».

sage de Flaubert du côté de la bêtise a suggéré que le Garçon survivait dans *Bouvard et Pécuchet* et qu'il était lui-même, « une vive image d'affranchissement, de lyrisme, de liberté de parole, de goinfrerie et de sexe débridés ». Traduisons, de goinfrerie scientifique, cette fois, d'orgie destructrice des idées. Bêtes, les personnages ravagent la bêtise constituée, au nom d'une deuxième Bêtise, d'une fidélité à la non-pensée, au refus du sens, à l'échec de l'esprit, au nivellement de la pensée avec le rien. Bêtise passive, ils subissent les idées reçues, bêtise active, ils les massacrent, au point de pratiquer une « dé-pensée », un lessivage moral qui assure une dialectique d'agonie entre la bêtise et la vérité, le faux savoir et le renoncement à savoir. Dans Chavignolles, où tout le monde pense bassement sur tout (cf. « montrer comment et pourquoi chacun des personnages secondaires exèrce la Science, le Beau, le Juste, le Vrai, I) par instinct, 2) par intérêt » (35), il leur revient d'avoir l'inquiétude infinie de l'Idée, et aussi le doute infini qui démolit toutes les idées et jusqu'au pouvoir d'en formuler.

Tel était bien le Garçon, si l'on se reporte au texte des Goncourt analysé par J Bruneau et Sartre ensuite. Totalement conformiste et totalement non-conformiste, parlant comme le Bourgeois aussi bien que comme l'anti-Bourgeois, le Garçon détruisait les bêtises antagonistes l'une par l'autre. D'une part il était sans vérité, de l'autre il n'entrait pas dans les cadres de la pensée ni de la morale (36) : vaniteux, féroce, lubrique, malpropre, d'une vigueur surhumaine, il est la farce pure, l'être du désordre, de la disconvenance radicale, où le débridé des instincts s'identifiait au privilège de la stupidité au nom d'une même logique.

L'on sera reconnaissant sur ce point à Sartre qui a eu le courage d'affirmer, « Gustave est bête » et d'aller jusqu'au bout de la fascination flaubertienne pour la bêtise. Mieux inspiré ici que dans son analyse de la bêtise réduite aux clichés, au « on » social », analyse où il est infidèle à Flaubert en réclamant de lui une critique sociale et même des conclusions contre le « bourgeois », et son « être de classe », Sartre me semble avoir parfaitement vu la jonction de la *matière* et de l'*imbécile* et ensuite celle de ce dernier avec l'artiste. Il discerne dans Flaubert deux bêtises, ou deux niveaux de bêtise, ceci dès l'invention du Garçon ; or « le Garçon est idiot, c'est l'évidence » (37), dit Sartre qui affirme lui aussi sa résurrection en Bouvard et Pécuchet. Au premier niveau, le Garçon, sous-homme qui scandalise le sens commun et le sens moral, se fait moquer de lui par ses facéties qui révèlent « l'arrogante et minuscule intelligence humaine, « notre vaniteuse et lilliputienne nature » ;

_____

35. *Bouvard et P.* p. 451. Par deux fois, *Cor.* I. 234, et 408, Flaubert revient sur ses affinités avec les fous, les idiots et les animaux.

36. Cf. *Cor.* 13 juillet 1847 sur l'« entrée du Garçon » et ce qu'elle signifiait concrètement. Sur le Garçon, cf. J. Bruneau, *op.cit.*, p.145 et sq., *L'Idiot de la Famille*, Gallimard, p.612-3, 626-37, 642-3, et surtout p.1210 et sq., 1223-4, 1253 et n, 1262-8; 1292-3. Le Garçon est « un Gargantua féroce, fou de rage, à l'étroit dans une outre en peau humaine ». « Ce rêve est celui d'un immense imbécile et cet imbécile a raison ». Sa « prétendue bêtise est le seul mode de compréhension valable ».

37. *Id.*, 1252.

puis c'est lui-même, « matière-sujet », qui se rit de nous, comme envoyé du Cosmos, idiot « gigantesque et douloureux » en qui le Cosmos est descendu, agent d'un comique absolu qui met en rapport le tout et la partie, les modes finis et l'infini, qui prend acte que les modes finis « butés sur leur détermination sont risibles parce qu'ils se prennent au sérieux ».

Le Garçon, personnalité elle-même déterminée, assure un recours à l'indéterminé, qui disqualifie le fini de l'homme. « Il a raison d'être bête », car le Tout n'évoque qu'un non-savoir, et la partie, un faux savoir. Il provoque l'irrespect absolu d'un rire métaphysique, il fait rire de soi pour faire rire de l'homme. Cette « grande idole hilare », et son orgie de puissance négatrice ou de truculence ignoble, méchante et stupide, se fait le médiateur de l'infini accablant la pauvre espèce humaine. Par lui se fait donc le passage du rire relatif au rire absolu, de la perception d'un désordre mesuré à la perception de l'absence d'ordre, d'un état impensé et impensable.

Un mot encore : on pourrait dire que le royaume du Garçon, c'est l'Orient flaubertien. L'écrivain y découvre d'emblée le vieux monde de la farce et du grotesque, « tout le vieux comique de l'esclave rossé, du vendeur de femmes bourru, du marchand filou » (38). Cet univers qui restitue le comique de l'Antiquité, c'est aussi le monde de la confusion, où sur le fond toujours nu et toujours jeune de « cette vieille canaillerie humaine immuable et inébranlable », au milieu des grêles de coups de bâton qui tombent de partout, explose une vitalité éxubérante et funèbre, désordonnée et désespérée. Que de pages de la Correspondance reprennent ces thèmes du grotesque triste devenu réalité quotidienne, car partout, à chaque instant surgit la grande Confusion naïve, le tohu-bohu des cris et des rixes, le chapardage universel, la scatologie tranquille, l'obscénité violente et délicate, la saleté superbe. Le réel lui-même est une farce, la vie, une émeute permanente entrelacée à la mort. Dans cette liberté exclusive de toute catégorie, de toute hiérarchie, règne le « saltimbanque » qui « ici touche au sublime et au cynisme ». Mais aussi le vautour, dont les fientes recouvrent les ruines. Symbole de la beauté vouée à l'excrément, ombre de la mort pesant sur la vie explosée, symbole de l'indifférenciation générale. Racontant ses frasques érotiques qui se sont déroulées au milieu d'une nichée de chats, Flaubert s'écrie : « C'est ici qu'on s'entend aux contrastes ». « Laissez donc la vermine, elle fait au soleil des arabesques d'or ».

*
* *

Est-ce-à-dire que Chavignolles est comme l'Égypte ? Oui en un sens. C'est là que s'opère la destruction des barrières et des catégories. C'est là que vis-à-vis d'une nature énigmatique et indifférente sinon malicieuse, s'instaure un comique absolu comme le grotesque oriental. Le comique est de nature cosmique : ce qui relativise toute détermination intel-

---

38. *Cor.* I.538, 1er déc. 1849 ; voir ensuite I.707 ;540-I ;555 ;558 ;565 ;573 ;584 ; 564 et 583 ;614 ;616 ;633 ;652 ;660 ;665 ;683 ; voir aussi lettre du 27 mars 1853.

lectuelle de l'homme, c'est la dénégation sourde de la nature. Ce qui manifeste le grotesque, c'est le style, ou ce qu'on pourrait appeler l'autodestruction de l'énoncé, que je n'étudierai pas ; et c'est la mise en contact de toute catégorie pensée et pensable avec la Nature. Organisant la comparution du déterminé devant l'Univers (39), Flaubert semble mettre en scène le vieil adage spinoziste, « omnis determinatio negatio est », et cette opération déterminative proprement humaine et savante se heurte à une réalité incernable, indéterminable, qui est la Nature, et qui est soit une absence d'ordre, soit un ordre étranger, soit un ordre mystificateur et en tout cas inconnu. La Nature, comme le romancier se tait, et par ce silence, cette impénétrable inertie ou par l'inconséquence de ses répliques, le livre évoque le Tout, le Grand Etre, le Dieu-Bêtise devant lequel échouent les bêtises humaines. La Première *Éducation Sentimentale* avait dit de la sottise de l'homme, « l'inconséquence est la conséquence suprême » (40) ; ce qui fait penser à Auguste Comte, « tout est relatif et c'est la seule vérité absolue ». La seule vérité serait celle d'une raison modeste, celle de Voltaire, ou de Montaigne, celle de Newton qui se comparait à un enfant qui ramasse quelques galés épars sur les rivages de l'océan. Bouvard et Pécuchet, on le sait, faute de méthode, ne font qu'approcher parodiquement de cette raison. La bêtise humaine qui aspire au système et au théorique ne peut admettre, que la seule loi, c'est qu'il n'y a pas de loi.

Ce n'est pas à dire que le comique absolu ne puisse résulter d'une origine un peu différente, de l'erreur logique (41). Cette fois Bouvard et Pécuchet sur le mode voltairien, relèvent les errements des raisonnements mal faits. En particulier dans les débats religieux, où l'abbé Jeufroy se conduit en virtuose du sophisme (42) : il prétend gagner sur le plan des faits et des symboles à la fois dans la critique biblique, interprète les incertitudes des Écritures comme preuves de leur authenticité, établit les faits par le dogme, et le dogme par les faits, et pour clore les débats, se réfugie dans le mystère ou s'abrite derrière l'infaillibilité. Contre lui, Bouvard et Pécuchet, choqués de cette sorte de déloyauté rationnelle, objectent en termes de logique : un mystère, s'il « désigne une chose dont le seul énoncé implique contradiction » est « une sottise ». Un « miracle perpétuel ne serait plus un miracle » (43). Même type de dénonciation dans le cercle vivieux paralogique des activités qui s'installent dans une sorte de recours à l'infini : ainsi la mnémotechnie qui sous prétexte d'aider la mémoire, la surcharge ou devient une étude aussi complexe que celle des choses dont elle prétend faciliter l'assimilation. Il faut alors se souvenir de se souvenir, etc...

---

39. Parlant de la tentation flaubertienne au « survol» de l'humanité, Sartre (*op.cit.*,p.1560), relève son opposition à tout anthropomorphisme : la création n'est pas faite pour l'homme. Mais de cette quête d'un point de vue absolu, Sartre ajoute (et c'est un contresens) « une idée scientifique, précisément et bourgeoise, parce qu'elle ne s'accompagne pas d'une prise de conscience sociale ».

40. Ed. citée, p. 286.

41. Cf. p. 308, « Ah tu n'est qu'un sophiste. Et Pécuchet vexé bouda trois jours ».

42. Voir p. 347-9 ;357 ;374.

43. P. 309. De même sur l'impossibilité d'un jugement impartial sur la Révolution à cause du caractère infini de l'enquête, p. 188.

Plus massivement évoquée, la Bêtise concluante, la Bêtise *in se* selon les définitions de Flaubert répétées en particulier durant la gestation de *Bouvard* (44), relève non d'une défaillance de la raison, mais de son usage. On a l'impression que la non-foi de Flaubert, son refus de croire, ont pour fonction de mieux respecter la dimension de l'Inconnu (45). A l'utopiste qui outrepasse l'objectif, à l'infatué, qui est « un fil » et qui veut « voir la trame », qui veut « amener la réalité à une conclusion qui n'appartient qu'à Dieu seul », à tous ceux qui sont les tenants d'une humanité, « autolâtre » (le contexte indique que les socialistes sont visés), qui à force de s'adorer verse dans la stupidité, à ceux qui encore ont « le bon Dieu, ou le non-Dieu dans leur poche » (46), Flaubert trouve le tort essentiel de vouloir *prouver,* et de faire de la pensée le domestique d'une argumentation dont la fin est déjà connue. Du caté-chisme de Gaume, il écrit, et les deux termes désignent bien la tendance *concluante* et sa valeur vis-à-vis du Tout, « quel néant, quel aplomb! ». En somme inquiète du « pourquoi » avant de connaître le « com-ment », la bêtise manque de positivisme : mais dans cette écriture et cette pensée du phénomène à l'état pur, et même de l'*apax,* la limita-tion la plus positive aux faits seuls ne sera pas moins désastreuse. C'est une des leçons de l'histoire du duc d'Angoulême. La pensée *basse* en tout cas est une argumentation « téléologique », une réflexion par la fin. La réduction des idées et des savoirs au résumé, au compte-rendu, ou à la profession de foi polémique augmente ironiquement la puissan-ce de pure assertion des propos et des ouvrages réduits à leur *tendance.* Ainsi la première discussion politique des Chavignollais : « Moi je dé-teste la République. Et le docteur se déclara pour le progrès. Car enfin, Monsieur, nous avons besoin de réformes ». A quoi fait écho l'argument retourné de la finalité : « Possible, répondit Foureau, mais toutes ces idées nuisent aux affaires ». La pensée *bête,* que de fois Flaubert l'a redit, a atteint avec l'immanentisme de l'utile, (ou du désir, ou de l'é-volution, ou de la statistique) son concept central. C'est l'idéologie du Narcisse, qui réclame que toutes les prémisses soient établies en fonc-tion de l'unique conclusion : soi-même.

A Chavignolles le débat littéraire (47) qui ne veut voir dans l'art que sa finalité morale et politique démontre que le problème « se ren-ferme pour chacun dans le côté qui flatte ses intérêts. On n'aime pas la littérature ». Bel exemple de la bêtise tendancielle, ou « idéologique » selon notre vocabulaire ; le savoir à acquérir se limite à celui qu'on a, se répartit en options initiales. On tonne pour, ou contre. Aussi la réfuta-tion la plus courante des « mauvaises » idées, (mais pour Flaubert il n'y en a pas de bonnes), se fait par leurs conséquences (48) : « à vouloir

44. Nous renvoyons à la *Cor.* I.363;679-80;II,174 (27 mars 1852);II.321,31 mars 1853 ; II.,346, 26 mai 1853 ; encore le 12 oct. 1853, le 23 oct. 1863.
45. *Cor.* V,145,283 ; et la lettre de nov. 1879.
46. Cf. p.225. Initialement (p.143) le curé approuve les fossiles comme con-firmation de l'Écriture.
47. Cf. p. 343;184;304;308;318;241. On trouvera d'autres exemples, p.242, « Ton scepticisme m'épouvante » ; p.340;289;363;374;378.
48. P. 308. Voir de même p. 306 sur les fondements de la morale. Ironique-ment Flaubert insiste sur le parallélisme entre la foi des deux personnages et leur invitation au château. Aller à la messe leur vaut un salut, communier, une invi-tation.

tout appronfondir on court sur une pente dangereuse », « une telle hypothèse selon Larsonneur, manquait de patriotisme », « d'ailleurs qu'on y prenne garde, cette hypothèse nous mènerait jusqu'à l'athéisme ». Mais nous allons tomber dans l'abîme effrayant du scepticisme », « je trouve votre système d'une immoralité complète », « quand la parole amène des crimes, cher Monsieur, permettez... ».

La bêtise ainsi finalisée sera par prédilection moraliste, et aboutit comme le dit Bouvard à propos de la démonstration de Dieu par la morale, « à faire descendre Dieu au niveau de l'utile, comme si nos besoins étaient la mesure de l'Absolu » (49). On se fait soi-même la conclusion d'une pensée-sentence ; c'est le point de convergence (50) entre le Comte de Faverges, maistrien, qui établit l'existence de Dieu par les conséquences politiques de sa négation, ou qui fait de sa « qualité de chrétien, et de père de famille » la mesure de toutes choses, et surtout le critère des vérités licites et illicites, le permis/défendu devenant le substitut du vrai et du faux, « on ne devrait pas permettre » ; entre les conservateurs qui craignent la chute dans l'abîme, (« comment s'arrêter sur le penchant de l'abîme »), et voient les « bases » sapées, identifiant au mal absolu, ce qui est leur mal ; entre Gorgu, qui invoque le « droit au travail », lieu commun de l'époque, et son titre de gloire personnel dans les discussions du bistrot, et ramène tous les mystères de la production économique à un impératif ethique et passionnel, « N'importe, on doit fournir aux travailleurs un capital, ou bien instituer le crédit.. Ah, je ne sais pas, mais on doit instituer le crédit.. » ; et enfin Petit l'instituteur : « tout de suite il s'en prit à l'infâme capital », il ne veut rien de moins que « l'âge d'or sous la forme d'une République » ; il a posé le Mal absolu, puis le Bien absolu comme des préalables à toute politique et comme sur ces entités il ne peut rien, il s'en tient au souhait de la démocratie pure, c'est-à-dire, triste pressentiment, à la dictature totale, « un dictateur à la tête, un gaillard pour vous mener ça, rondement ». Pécuchet de même, prenant contre Bouvard la défense des utopistes sociaux les légitime par les *intentions* et la « hideur du monde » contre lequel ils protestaient : la souffrance, le sacrifice personnel, le mérite, sont alors critères de vérité.

Mais pour Flaubert, *conclure* c'est affirmer, et surtout affirmer quand il s'agit de la Nature. Sera conclusion toute construction fermée de la Nature. Et la Science est bien une conclusion et à la tentation du savoir scientifique, *Bouvard et Pécuchet* oppose un nominalisme radical qui nie tout concept, toute loi, toute classe, tout principe, et aussi les espèces et les genres. Triomphalement le roman devait conclure qu'il n'y a pas de conclusion, qu'« il n'y a rien de vrai que les phénomènes ». Le grotesque triste du savoir humain éclate par le simple contact des prévisions, classifications, définitions, réglementations, législations, et des *cas*. Il n'y a que des cas. Et même y-a-t-il des cas ? L'histoire d'un individu (le duc d'Angoulême sur lequel on sait tout, c'est-à-dire presque rien) n'est pas plus possible que l'histoire générale. La passion de

49. Cf. p.358-9; p.249;236;244-5 ; on pourrait citer encore le débat sur le mariage (p. 364) ou le projet sur les discussions économiques, p. 404.

50. *Cor.* V.357, 25 avril 1880.

de Flaubert est de faire exploser les règles, toutes les règles, depuis celles pour séduire les femmes, jusqu'à celles de la botanique ; on sait avec quelle insistance dans le cours de botanique, Flaubert réclame de ses informateurs « une exception à l'exception » (51). Est du *réel* la contingence absolue. Le grotesque triste est l'écriture du fait à l'état pur, destitué de tout prolongement, de tout au-delà significatif. Alors que Bouvard et Pécuchet sont des imaginatifs, séduits par la finalité de toute activité, la Nature se présente comme une contre-finalité (52), une transcendance négative qui rejette toutes les tentatives de l'ordre pratique ou scientifique qui usurpe sur elle. Ce que Flaubert juxtapose en une contiguïté explosive, ce sont ces deux contraires incompatibles et sans rapport possible, l'être et le sens. On a fort bien parlé (53) de cet abîme entre la conscience et la réalité chez Flaubert, ceci à propos des objets, médiateurs d'illusions : soit ils déçoivent l'imagination, soit ils retournent à leur vie propre de matière. L'immense quincaillerie consommée par Bouvard et Pécuchet le confirme. Mais aussi bien ils expérimentent l'effondrement des intermédiaires conceptuels et nominaux entre l'homme et la nature.

La matière se révolte contre le travail humain, et refuse de servir (54), de se plier à un but, (à une tendance), à une constante. C'est ce que démontre l'échec premier des personnages à la campagne. La campagne n'est pas « la campagne », pour paraphraser le mot célèbre de Pascal ; le vocable recouvre une multiplicité sans identité, une puissance négative sans formes ni noms, que rien ne peut enfermer dans une règle. Pécuchet arrose, il arrose trop : il a de la « gadoue » ; il craint la lumière pour ses semis, et peint ses chassis : il a des « végétations rachitiques ». Je ne dis rien du désastre des greffes (raconté en petites phrases simples, par petites touches, par fragments, ténus et ponctuels car les choses ne sont pas des intentions globales, mais un mouvement fragmentaire et dispersé), du supplice des arbres, (Flaubert s'était renseigné près d'un arboriculteur sur les violences contre-nature pratiquées par les jardiniers) ; laissons encore le fait souligné par Flaubert qu'il n'y a pas de bonne manière d'agir : que Bouvard et Pécuchet taillent long, ou court, qu'ils en fassent trop ou trop peu, le soin et la négligence, l'abondance et le défaut, ont les mêmes résultats. Devant l'intervention des personnages, les choses refusent d'agir, et se bloquent, ou se développent imprévisiblement en apax et en monstres, tel le chou de Pécuchet, « prodigieux et absolument incomestible », (« Pécuchet fut content de posséder un monstre »), ou encore le sophora-japonica, défi à toute végétation et à toute existence, qui demeure « immuable, sans dépérir ni sans pousser ». Ajoutons que les choses tendent à

---

51. D'où l'importance du débat sur Bernardin de Saint-Pierre, p. 140.
52. Cf. P. Danger, *Sensations et objets dans le roman de Flaubert,* Colin, 1973, en particulier, p.118,130,159,179.
53. Ce point a été étudié par l'article de J. Levaillant, « Flaubert et la Matière », *Europe,* 1969.
54. Est symptomatique l'impatience des héros à l'arrivée du printemps : « Tout part... Tout va partir ».

reculer dans l'état confusionniste, l'arrière fond d'indistinction primaire (cf. « mais la couche fourmilla de larves »), où les espèces sont floues (en fait de melons Pécuchet ne crée que des bâtards), ou immergées dans l'anarchie et l'instabilité. D'où l'échec des Sisyphes de l'épierrement, ou des Titans de l'engrais : la logique décisive des raisonnements, très proche des fantasmes visionnaires, trouve du côté de la nature une réplique terne et incompréhensible. Mais la butte est sans doute un *haut lieu* du grotesque triste, justement parce qu'il est petit, et qu'il est le prétexte d'une vision épique ou dantesque, où l'« éternel banneau » monte et descend hors du temps, avec une ténacité de damné, ou d'insecte, héroïque ou stupide, symbole du travail humain, (et de son néant), ou de l'homme éternellement recommencé, éternellement en mouvement pour n'aboutir à rien, ou à moins que rien, à peu de chose. Car le peu de chose n'a pas de sens, le médiocre est plus tragique que le néant, et l'énorme effort agricole de Bouvard produit un colza chétif, une avoine médiocre, un blé qui se vend mal, une butte un peu plus stérile.

Cet échec sur lequel je passe trop vite s'inscrit dans un contexte plus général : celui que nous annonce la mésaventure météorologique des héros. Munis d'une excellente taxinomie des nuages, ils constatent que ces *noms* sont étrangers à une réalité héraclitéenne où tout coule et s'écoule, où tout a changé avant que l'objet théorique du savoir ait pu être identifié et nommé. Pas plus que les nuages, les sangsucs ne se conforment à une quelconque régularité, ou identité. En vérité les choses sont trop compliquées (55) : de la théorie à la réalité, du nom à la chose, du schéma intellectuel à l'acte pratique, il y a un tel écart que toute description de la réalité avorte. Pécuchet s'embrouille (56) dans les surmères, les sous-mères, les deuxièmes sous-mères, « des vides et des pleins se présentaient toujours où il n'en fallait pas », il ne parvient pas à distinguer « des boutons à bois des boutons à fleurs ». Mais c'est la même chose pour toutes les terminologies qui prétendent opérer dans la réalité classements et séparations (57) : les noms géographiques, les noms juridiques, les noms physiologiques (Bouvard et Pécuchet se gargarisent avec le « buccinateur », mais capitulent devant le « sphénoïde » malgré son analogie descriptive avec « une salle turque ou turquesque », et renoncent à suivre sur leur mannequin le réseau théorique des muscles, ou à débrouiller l'« amas inextricable » de ce qu'ils devraient « distinguer » dans le cerveau), les termes médicaux et les classes de maladies (« mais comment établir les espèces ? »), constituent un univers purement nominal que le fouillis confondant des choses ne cesse de désavouer.

La constante du roman est cet impossible répérage en nature des entités théoriques (58). En géologie : les pierres refusent de devenir

---

55. Voir p.381,402;118;121;129;149.

56. P. 96.

57. Cf. p. 165-6;383;217-8, et 371.

58. P. 159. Voir aussi p. 134 sur l'impossibilité de parvenir en médecine à des définitions certaines. Un excellent exemple de « cas » : l'écho qui se trouve dans le jardin. Il est produit et détruit par pur hasard, par une sorte de miracle.

des minéraux nommés, étiquettés, classés, et Bouvard et Pécuchet ne s'y « reconnaissent pas » dans les divisions géologiques. En architecture pour les styles, en botanique pour les espèces, en grammaire pour les principes, on va d'exception en exception et toute possibilité de règle est ébranlée. D'où l'inquiétude : « Allons bon, si les exceptions elles-mêmes ne sont pas vraies, à qui se fier ? » (59) et le cri de Pécuchet méditant sur l'arboriculture, « Où est la règle alors si chaque espèce, chaque individu et sous chaque climat, demande d'autres soins ? ». Choqués de la volonté des géologues de *séparer* des règnes, et de nier l'unité de la matière, les héros du non-savoir admettent « que la création est faite d'une matière ondoyante et fugace ».

Sans cesse le roman en revient au problème de l'identité des êtres. De là le thème du monstre ou du miracle : les patients des héros, vraie cour des miracles, leur domestique Marcel, sont des monstres, comme le chat noir supplicié par des enfants eux-mêmes monstrueux ; disciple de Diderot ou de Sade (60), Bouvard admet que « les monstruosités dépassent les fonctions normales ». De là l'inquiétude de l'*espèce* et de ses rapports avec l'individu, ou plus exactement l'inquiétude d'une stabilité des êtres. Mais justement Bouvard et Pécuchet voulant provoquer les bizarreries de la nature, ne parviennent pas à faire des monstres à volonté (61). On ne prémédite pas l'individuel. Hors concept, il ne dépend pas d'une autre conceptualisation. Bouvard et Pécuchet découvrent dans leurs expériences à la fois que l'espèce existe et qu'elle n'existe pas. A la limite, la curiosité sotte devenant le dernier mot du savoir, et la légende se confondant avec l'être, Bouvard et Pécuchet adorent les cas, les faits uniques et aberrants, qui satisfont leur *libido sciendi* (il s'agit d'un savoir réduit au pur catalogue, aux « phénomènes » dans tous les sens du mot) : ainsi ils collectionnent les exemples d'accouchement, de longévité, d'appétit, de constipation, d'obésité qui les font « rêver » comme les énigmes et les hasards de l'histoire (62).

D'une part donc il y a les choses, et leur inconnu ; de l'autre il y a le savoir et les noms. La réalité se dérobe ironiquement aux déterminations. Un bon exemple du grotesque triste est le comique numérique ; l'anthropomorphisme multiplie les comptabilités exactes (la Révolution a fait un million de victimes « tout juste ») (63), c'est-à-dire les coupures arbitraires pratiquées sur le Tout, avec une précision et un aplomb parfaitement bouffons. Le chiffre, et le chiffre rond, est l'exemple même de l'illusoire appropriation des choses au savoir : ainsi il y a les « merveilles de la nature » témérairement attribuées à chaque région, « la Bourgogne en a deux, pas davantage », comme l'âme qui a ses trois

---

59. P. 385 et 99.

60. Cf. p. 301, « le mal est organisé aussi parfaitement que le bien. Le ver qui pousse dans la tête du mouton et le fait mourir équivaut comme anatomie au mouton lui-même ».

61. P. 140-I. Le chien errant est un bâtard , « moitié braque, moitié dogue » (p. 125). Appartiennent au même registre aussi au XVIIIème siècle remontent les discussions sur les rapports de l'individu et de l'espèce, p. 320.

62. Voir p. 121;373.

63. Cf. p. 187;140;305;281;253. De même sur le fouriérisme et son compte de passions, p.253. Appartient à la même veine la description de la glande pinéale, « qui ressemble à un petit pois rouge » (p. 121).

facultés, et ne semble pas trop fière de ce nombre réduit. Mais il y a
aussi « trois espèces d'animalcules » (64) dans le tartre des dents, il y a
quatre genres de « sensibilité morale », cinq espèces de désirs moraux,
deux mouvements d'« aperception rationnelle », comportant quatre
degrés. On n'en a pas fini avec cette manie distributive, car il faut considérer les quatre espèces d'oraisons, les neuf excellences de l'amour, les
six degrés de l'humilité, et les types de passes magnétiques, à grands,
petits courants, ascendantes, descendantes, longitudinales, traversales,
biditiges, triditiges, et même quinditiges. L'on s'étonnera de même que
l'épine dorsale soit « seize fois pous forte que si le Créateur l'avait faite
droite. Pourquoi seize fois précisément ?» (65).

    Participe à la magie du chiffre la magie du nom déposé indiscrète-
ment sur les choses par un savoir qui ne sait que décrire en termes de
convention (66). De là la rage d'affliger un sens ou une valeur à des
objets retirés de leur insigifiance première et dernière. Le savoir va des
mots aux choses et veut les faire servir à un excèdent significatif et
les arracher à leur indistinction. On veut mettre l'objet à une place,
dans une hiérarchie, sur un tableau du savoir. Classé comme on le dit
des monuments, il devient œuvre humaine ou « objet » scientifique.
Mais justement Bouvard et Pécuchet ne peuvent arracher à l'indifférenciation originelle ni les échantillons géologiques, tas de pierres
qui restent tas (67) de pierres, faute d'être nommés, ni les « phallus »
symboliques dont ils font collection, ni les grosses pierres susceptibles
de devenir des débris de moraines ; ni plus généralement stabiliser toutes les valeurs symboliques qu'ils sont prêts à prodiguer autour d'eux.
De même pour les valeurs historiques : de tous les blocs de pierre
d'« égale insignifiance » qu'ils baptisent celtiques, ils tentent de faire
jouer à l'un d'entre eux le rôle d'autel druidique. A un autre, celui
de cuve celtique : celui-ci est l'objet d'une véritable quête d'identité,
et se déplace comme dans une épopée burlesque. A la fin il n'a plus
de *place* : on ne sait plus où le mettre. Dans le Musée des héros, les
objets (la robe de moine, le Saint-Pierre) ont tous un destin fait de métamorphoses ; comme pièces de Musée ils sont susceptibles d'une double description : la première (68) faite par un regard inintelligent donc
vrai, les voit comme ils sont, « une vieille poutre de bois », « une chaîne énorme », une auge de pierre, de la « quincaillerie », des flambeaux,
des serrures, des écrous, un sombrero de feutre noir, une monstrueuse
galoche, un Saint-Pierre clownesque ; et puis on visite les objets avec les
guides du Musée, et on les revoit commentés, nommés, inventés, pour-
vus d'une histoire et d'une identité, intégrés à des tableaux vivants,
promus à une valeur, hélas, précaire. On passe, dangereusement, de la

_____

    64. P. 122.
    65. P. 118.
    66. On se reportera pour ce thème à l'article de Fr. Gaillard, *L'en-signement
du réel, (ou la nécéssaire écriture de la répétition)* dans *La production du sens chez
Flaubert*, UGE, 1975.
    67. Cf. P'.149,179,176. Sur le symbolisme d'ordre religieux, cf. encore p.342
et 349.
    68. P. 163-4, puis 169. Le notaire incrédule ne veut voir dans la chaîne
qu'une chaîne d'ornement mise dans les cours d'honneur.

chose au signe ; inversement en pédagogie, pour apprendre les mouvements célestes aux enfants, ou pour lire la carte du ciel, on devra, et on n'y parviendra pas, aller du signe à la chose, de la figure à la réalité (69).

Instinctivement Bouvard et Pécuchet veulent mettre en ordre les choses, les saisir dans une définition bien close, les ranger à une place ; même comme copistes ils veulent dresser des tableaux et des parallèles antithétiques (70), et sont gênés par les cas insituables avant de se résoudre à copier tout simplement. Toujours ils se heurtent à l'être indéterminable qui circule sourdement sous les concepts et qui déjoue la logique : que la cause et l'effet s'échangent (71), que les mêmes phénomènes aient plusieurs valeurs, agissent en plusieurs sens, que la chimie par exemple doive renier comiquement ses propres distinctions et les subordoner à l'opportunité, que le médecin doive se conduire en empirique, a scandalisé des esprits voulant des certitudes absolues et cohérentes. On sait qu'ils sont indignés des affirmations contradictoires, des équivalences déroutantes, des variations de la vérité (72). Alors qu'ils veulent des règles, ils n'ont que des exceptions. C'est à ce titre au reste qu'ils réussissent quand ils réussissent. Leur succès, conçu sur le modèle du chou de Pécuchet, est unique et inexplicable. Ce sont des *faits*, ils sont ; Flaubert les a judicieusement répartis dans les sciences de la nature comme du côté de la surnature. Le cas à l'état pur ne prouve rien. L'impossibilité de Bouvard de manger de la viande le Vendredi Saint n'est pas une preuve de l'existence de Dieu (73). La limite insidieusement présentée du fait brut, et sa parodie, ce sont les miracles gratuits, pour rien, « pour éblouir le monde » auxquels croit fanatiquement Mme de Noaris. Les échecs des héros prouvent *contre,* leurs succès en médecine (la cure de l'helminthe de Mme Bordin, le typhique), en magnétisme, en spiritisme, en phrénologie, ne prouvent pas *pour* (74). Alors provoqués par l'impossibilité de conclure, les personnages, nous-mêmes, tous les hommes sont à égalité avec le mot indépassable de la crédulité superstitieuse, le « Expliquez moi cela » de la dévote. Mot grotesque, mot grotesque triste, car tous en sont là. Quand le fait arrive, il rend tout le monde ridicule parce qu'il est irrecevable et réel. Ainsi la grande séance de magnétisme (75) sous l'arbre : la cour des miracles des thérapeutes est explicitement convoquée pour voir des merveilles et des miracles. Après des résultats ternes, se produit la montée progressive vers le Fait : un exemple de télépathie. Ceux qui y croient et ceux qui n'y croient pas (« cela ne prouve rien ») ont également tort. Tandis que les magnétiseurs triomphent, que le chœur de Chavignolles fait assaut

---

69. P. 138 et 380-3.
70. P. 442.
71. Voir p. 130,127 sur la digestion, 398 sur les ravages incertains des animaux et leur utilité ou leur nocivité ; 116 sur la chimie ; 130 sur la double valeur des remèdes ; 135 et sq. sur le même aspect des théories de l'hygiène ;de la grammaire, p.217.
72. P. 364-5 sur le christianisme ; 393 sur les châtiments corporels;191 sur l'histoire et ses modes.
73. P. 328.
74. Voir p. 128;355 ; même débat à propos des tables tournantes,p.278-280.
75. P. 285-6.

de crédulité, le Docteur s'épuise à expliquer le Fait et il a tort d'avoir raison : les explications rationnelles ne valent pas mieux que les explications absurdes. Ne tient que l'argument de la *coincidence*, c'est-à-dire de la contingence inexplicable.

On aurait donc tort de ne pas concéder que Bouvard et Pécuchet peu à peu élaborent un discours de la méthode flaubertien ; ni le roman ni ses héros ne sont statiques : les personnages avancent vers un « que sais-je ? » qu'ils ont en commun avec leur créateur. A eux la critique de l'analyse (76), le raisonnement sur le dilemme des faits et des principes, la reconnaissance de la croyance, prise indépendamment de son objet, la critique de la cause, de la finalité, du *monstre*, la relativité du savoir et de l'ignorance. Leur initiation philosophique les conduit dans une double direction : vers le scepticicisme de la bonne foi (77) qui sait son ignorance et l'avoue : « Crois-tu, oui ou non ? Je ne sais » (78). Et vers le sentiment panique du Tout, qui leur est révélé par Spinoza. De toutes les doctrines écornées au passage, celle-ci n'est pas l'objet d'un résumé-charge : simplement elle est contournée : *c'était trop fort.* Bouvard et Pécuchet se dérobent avec respect, avec le sens certain de leurs limites, à cette pensée de l'infini et de l'impénétrabilité de l'univers (79).

*
* *

Mais cet effroi panique, cette perte des repères, le sentiment nihiliste de l'absence du but (donc de conclusion) pour l'univers, est un élément essentiel du grotesque triste. On le retrouve chaque fois que Bouvard et Pécuchet sont l'objet d'un jugement par la Nature, d'une mise en place qui met en contact le sens absurde de l'homme et le non-sens des choses. P. Danger a montré à propos de la nuit de Noël (80) qui constitue la nativité parodique de Bouvard et Pécuchet, qu'elle réunissait le néant et la plénitude : l'essentiel s'y présente dans le vide. Ou la vie dans la mort : c'est le cas de la Charogne flaubertienne. Mais c'est partout dans l'œuvre que la Nature est là, qu'elle agit, transcendance muette *devant* laquelle se trouvent les héros, mesurant l'infini par leur néant. Ils sont favorisés par ces rencontres avec le Tout, qui les rendent objectivement risibles et objectivement non-risibles. Ainsi lors de la leçon d'astronomie (81) : « la majesté de la création leur causa un éblouissement infini comme elle, leur tête s'élargissait...». Dieu merci ils

---

76. Cf. p.374;318;383;369;301;Sartre, op.cit. p.1542 cite un texte très important de critique de l'analyse.

77. Ceci dès le début : voir p. 134 et 138 la critique de la certitude médicale. De même les aveux d'ignorance p. 191 sur la Providence. Il faudrait étudier en détail le rôle que jouent dans le roman les allusions à la Providence.

78. P. 354 ; de même 308-9.

79. P. 302-3.

80. *Op.cit.*, p. 323.

81. P. 137-9, « Tiens, dit Bouvard, voilà des mondes qui disparaissent... Si le nôtre à son tour faisait la cabriole, les citoyens des étoiles ne seraient pas plus émus que nous ne le sommes maintenant ». Il est vrai que plus loin les deux héros supposent la création « harmonique » et l'espace stellaire correspondant au nôtre.

ne font pas d'astronomie : ils savent se limiter à une contemplation et à quelques chiffres. La scène a donc pu les magnifier un instant par leur contact avec l'infini et d'autant mieux qu'ils acceptent de comprendre leur néant ; « ils parlaient ainsi debout sur le vigneau, à la lueur des astres, et leurs discours étaient coupés de longs silences ». La phrase qui les voit de haut, en survol, est importante : elle les grandit en les rapetissant. Devant *le silence des espaces infinis* ils ne tombent pas dans la bêtise de parler, ou de savoir, mais restent à leur place d'ignorants respectueux qui comprennent la relativité du savoir, la précarité de notre monde et pressentent la leçon nihiliste du Tout : « peut-être qu'il n'y a pas de but », avance Bouvard et Pécuchet ne peut répondre que « Pourtant..». Petits devant l'infini (« de pareilles idées vous renfoncent l'orgueil »), ils le voient juchés en guise d'observatoire sur le minuscule vigneau ; et c'est tout un symbole. Le vigneau, c'est la taupinière infime, la nature réduite aux dimensions du jardin bourgeois, la montagne prudhommesque. C'est aussi la situation de l'homme : notre planète est le vigneau de l'univers. Bouvard et Pécuchet sont alors grands dans leur petitesse : c'est l'exact contraire de la bêtise. Ou plutôt ils laissent une impression particulièrement ambigüe d'ironie sympathique.

Il faut parler ici de l'aventure apocalyptique des falaises du pays de Caux. On sait avec quel soin Flaubert a préparé le décor de ce fantasme déluvien (82). Est-ce le comble de la bêtise, ou le dernier mot de la lucidité ? Bouvard et Pécuchet vont du rêve paléontologique, de la passion des fossiles (autres monstres), à l'inquiètude du chaos primordial et futur ; du monde étrange et *autre* de la mer saisi à Port-en-Bessin, à la panique cosmique d'Étretat. A coup sûr les livres leur montent à la tête, ou ils lisent les systèmes géologiques comme des romans fantastiques. Mais en même temps ils sont pris par le contact périlleux avec les choses, leur a-humanité, ils sont confrontés avec la question d'un monde non habitable (83). A la fois ils *concluent,* ils croient aux livres, et à la fois ils perçoivent le désordre contenu des choses. Expérience absurde, mais aussi de l'absurde. Que la création semble un cataclysme calmé provisoirement, et l'insecte humain se décompose. Bouvard est fou de terreur parce que le monde va s'effondrer sur lui, Pécuchet est glacé par le vide qui est sous ses pas. C'est la déroute de l'homme : les panoplies de géologues s'en vont par pièces, les instruments d'une « technologie » raffinée sont jetés çà et là.

Et de même Flaubert met en contrepoint l'épanouissement tranquille des choses et l'évocation des passions et des absurdités humaines. Ses héros étudient les fureurs de la Révolution en « savourant » le calme légèrement animé des choses (84) ; c'est le midi éclatant et sa torpeur qui accompagne la découverte par Pécuchet de la passion amoureuse ; les magnétisés tiennent leur ficelle descendant de l'arbre, « et », dit Flaubert, et le *et* suffit à suggérer ce qui *est* vraiment, « et les oiseaux

82. Cf. *Cor.*, V 12,5 nov. 1877, et *Bouvard* p. 144-6, puis 151-2. On trouverait (p.260) une expérience du même genre, la radicale étrangeté des choses, dans le spleen hivernal de Bouvard et Pécuchet.

83. Il suffit de la suggestion qu'il *pourrait* ne pas être notre séjour. Le conditionnel de la destruction complète le réel par sa négation possible.

84. Cf. p. 186;262;286.

chantaient, l'odeur du gazon attiédi se roulait dans l'air, le soleil passait entre les branches, on marchait sur de la mousse ». Et ce qui est sans contestation offre aux personnages héros du savoir la tentation captivante de la non-pensée. Dès le début les escapades du dimanche en banlieue associent curieusement le désir de savoir, le désir de partir, et le désir d'être chose parmi les choses. Leur « partie de campagne » les plonge dans un bain de vie et de sensations, être et penser ne font qu'un parce qu'ils ne pensent plus. Mais Bouvard (85) sur la grève « contempla les vagues, ne pensant à rien, fasciné, inerte » et Pécuchet au milieu des choses, des choses pures délivrées des fantaisies du savoir, sombre «dans une sorte d'abrutissement », rêve aux puissances inconnues et multiples qui l'entourent, sans « chercher à découvrir ses mystères, séduit par sa force, perdu dans sa grandeur ». Parce qu'il ne cherche plus à comprendre, est-ce qu'il ne comprend pas vraiment les choses, parce qu'il est compris en elles ? Bouvard et Mme Bordin sont, on le sait, dociles aux appels printaniers, et Pécuchet aussi bien, au lendemain des fureurs et des sottises de la Révolution, découvre un « plaisir infini », en se détournant de tout savoir et de toute action, dans la contemplation d'un coin de ciel bleu, les « bas bleus » de Mélie. C'est alors que l'esprit vient au vieillard amoureux : il sent « quelque chose de tout nouveau, un charme », il renaît, infini, en succombant à l'appel génésiaque symbolisé par la petite bonne.

Trois fois encore Bouvard et Pécuchet sont mis ou remis en place par l'action des choses et le contact avec elles. Il s'agit du passage capital pour le grotesque triste de l'Art des Jardins (86) : on ne s'explique guère la rage de Flaubert contre cette activité inoffensive si l'on ne voit pas que la prétention de faire contribuer les choses à un projet esthétique est l'apogée de la bêtise, si l'on ne voit pas que son essence se trouve dans ce rapport de la chose et du sens convenu. Cette fois il ne s'agit même plus d'une valeur d'usage imposée à la nature ; mais d'une pure convention : les choses sont pliées à un rôle de figurant dans une composition. La Nature est recomposée en fonction des poétiques, des genres, des styles, des « lieux » ; devenue œuvre, elle est conviée à *paraître* : le tilleul abattu semble apporté par un torrent, ou renversé par la foudre ; la cabane naturellement *rustique* doit le devenir conventionnellement, c'est-à-dire ne plus l'être ; ou conviée à signifier, à feindre d'être autre chose : ainsi le tombeau étrusque, la pagode chinoise. Ainsi dénaturée, la nature devient sa caricature : ainsi le rocher-pomme de terre ; les ifs-paons. Le résultat est « effrayant » : parce que dans cette nature réinterprétée, tout objet se dédouble et a son sens à lui, vulgaire, et un sens forcé : les deux coexistent sans se supprimer, les ifs sont aussi des cerfs et des fauteuils, les pommes d'amour sont aussi des stalactites ; de même l'objet comme accessoire esthétique ou théâtral coexiste avec son milieu trivial : le Rialto est au milieu des haricots, le tombeau parmi les épinards. Alors il se produit en effet une perte d'identité des objets

---

85. P. 145;159;258.
86. P. 100-3 et 105-7. Un passage très troublant comme l'arrivée de Bouvard et Pécuchet à la campagne, et leur premier soir, leur descente dans le jardin, avec l'ombre des araignées qui fuient sur les murs, serait sans doute à commenter en ce sens (p.72-3).

qui fuient dans une série de métamorphoses : le rocher devient montagne,
le tombeau « faisait un cube », le pont est un « accent circonflexe »,
la cabane une « grande tache noire », la pagode est un « phare ». Mais
cette polyvalence des objets-ustensiles loin de les ramener à leur état
naturel de matière, les en écarte : l'art n'a jamais été aussi loin d'être
comme la nature. Le jeu imprudent des héros avec les choses engendre
un disparate radical, une œuvre ratée, parodie de la nature, un tohu-
bohu de formes , et de formes géométriques, de couleurs dures et
tranchées, bref une anti-nature hideuse, à la fois le contraire de la nature et de l'art.

Après le jardin cacophonique, jeu stupide sur la nature, nous avons
l'épisode de l'orage, jeu de la nature avec la création humaine. Ce texte
vient directement de la Correspondance et des réfléxions de Flaubert
sur la « trombe de Mondeville » en 1846 (87). Contre le « bourgeois »,
qui devant le cataclysme naturel s'effare et s'indigne, car il se fait « le
centre de la terre, le but de la création », Flaubert raisonne comme
Montaigne, « ce n'est pas parce que nos cloches à melons ont été cas-
sées par la grêle, qu'il faut vouloir supprimer les ouragans ». Le Tout a
une légitimité qu'ignore la partie et qui ignore la partie. Il reprend son
thème en 1853 en invectivant les potagers, et le sien propre, ravagés par
la tempête. « En contemplant tout ces petits arrangements factices de
l'homme que cinq minutes de la nature ont suffi pour bousculer, j'ad-
mirais le vrai ordre se rétablissant dans le faux ordre ». La grêle et le
« grotesque démesuré » qu'elle provoque à Rouen où l'on croit à la fin
du monde, ont fait plaisir à Flaubert : enfin les « choses tourmentées par
nous » ont eu leur revanche dans « la rebuffade atmosphérique », « il y
a là un caractère de grande force qui nous enfonce ». Voilà l'utile, l'us-
tensile bête vaincu, les sottes cloches à melon brisées. Or « y-a-t-il rien
de plus bête que les cloches à melon ?». *Cela est bon,* conclut Flaubert
de cette leçon pratique de modestie. Car « on croit trop généralement
que le soleil n'a d'autre but ici-bas que de faire pousser les choux ».
Tout ceci, comme tous les fléaux, manifeste « la Règle, à savoir le mal »,
« l'être final ». Il y a donc une métaphysique de la grêle (d'origine sa-
dienne), que résume le spectacle des « Passe-Colmar », des Bési-des-
vétérans, et des Triomphes-de-Jodoigne ou des Tétons-de-Vénus (88)
roulés dans les flaques d'eau. Encore des noms et quels noms pour des
poires ! Mais leur massacre met définitivement l'homme en position
métaphysique et comique.

Enfin pourquoi la discussion entre Pécuchet l'abbé Jeufroy sur les
martyrs (89) se déroule-t-elle sous une pluie battante qui trempe des
pieds à la tête les interlocuteurs ? Effet sans raison, effet grotesque
triste. Cette rencontre textuelle serait sans doute très instructive pour
apprécier le « descriptif » chez Flaubert : rien dans le texte n'indique
une intention de symboliser. Ce n'est qu'une pluie, une mésaventure
triviale, autant dire rien. Mais cet élément « normal » de l'ordre naturel

---

87. Cf. *Cor.,* I.313, 26 août 1846, et II.376, 12 juillet 1853.
88. P. 97. Cette fois, le narrateur le souligne, ses héros pouvaient espérer une
belle récolte.
89. Le problème est déjà évoqué à propos de la Révolution, p.187 : chacun
ses morts ! Voir p. 350-3.

pourrait être « un signe » dans l'équilibre du récit ; par la force des choses, parce qu'elle est la force des choses, la pluie juge sans les départager les combattants. Est grotesque triste cette égalité qu'elle instaure, et la manière purement virtuelle de l'instaurer : la nature n'a pas d'intentions, *elle est* ; elle peut manifester un sens, dans la mesure où elle peut ne pas le manifester. Le grotesque triste éveille et déçoit, ou déçoit et éveille (il faudrait un seul verbe !) notre besoin de sens : par exemple l'épisode paradigmatique du chien dans la Première *Éducation.* Ce qui fait le grotesque triste dans le texte, c'est la suggestion sournoise et toujours niable du rapport. Tandis que dans une stichomythie haletante, Pécuchet et l'abbé se lancent au visage massacres, atrocités, millions de morts, et veulent *distinguer* les bons et les mauvais morts, ou les bonnes atrocités des mauvaises, ils sont accompagnés par une tornade estivale exactement parallèle à la controverse. L'une et l'autre commence, monte, croît, culmine, et décline en même temps. Quand la pluie cesse, les discuteurs sont mouillés, brouillés et ne se parlent plus. La crise de la nature est parallèle à la crise du discours ; phrases et rafales sont simultanées. Mais la suggestion la plus importante du texte, c'est l'égalité de traitement par la pluie des deux adversaires : là est selon moi le grotesque triste. Au terme, ils sont vaincus par l'eau, transpercés, ruisselants, défaits par le pouvoir des choses qui les ridiculise et les met à égalité : « et les pointes de son tricorne crachaient l'eau sur ses épaules comme des gargouilles de cathédrale », et pour Pécucher, « l'eau coulait le long de son échine, entrait dans ses bottes, dans ses oreilles, dans ses yeux malgré la visière de la casquette Amoros ». Le cataclysme familier est un retour à la grande confusion, le « ciel est couleur de boue », et se « confond avec les champs dénudés ». Cataclysme-farce tout de même qui ne fait de mal à personne, mais fait de l'homme son jouet. Ainsi révélés dans leur servitude d'êtres humains soumis à la puissance du Cosmos, les parleurs n'interrompent pas leur discussion sanglante, furieuse, et *égale.* Tel est le sens ou le non-sens de la pluie : elle traite à égalité les hommes comme ils sont à égalité dans la discussion sur les morts. Devant la pluie, ou dans les charniers, il n'y a pas de *distinction.* Bien plus la pluie leur enseigne cette *égalité* : pour lui résister, les personnages sont obligés de se serrer l'un contre l'autre, de s'unir, de se regrouper sous le même parapluie, de « rester face à face, ventre contre ventre en tenant à quatre mains le parapluie qui oscillait », donc dans une parfaite symétrie. Malgré cette identité absolue de situation l'insecte humain ne cesse de créer divisions et litiges. Et égaux sont les arguments, symétriques les argumentateurs ; et identiques au fond les massacres et une l'humanité constituée par ses morts. La pluie et sa ponctuation burlesque est *le point de vue qui* surplombe le dialogue sans issue, et met à sa place la prétention à établir des *distinguos* dans l'atrocité ou des classes à l'intérieur des cimetières. Le grotesque triste construit la scène et propose en le retenant le sens.

* *
*

On m'objectera de ne voir dans Bouvard et Pécuchet que l'Homme et non des imbéciles, ou le comique de la science au détriment du comi-

que du faux-savant, ou du savant maladroit, par excès et par défaut de
« scientificité ». C'est bien là la difficulté centrale du livre et je voudrais
dans une dernière série de remarques considérer les ravages du Caliban
romantique, ou les vertus confusionnistes de la Bêtise, qui est la négation et le négatif de l'Intelligence, soit sens faux, soit absence de sens, et
par là vrai sens. Par quel biais les échecs scientifiques et pratiques des
héros sont-ils vérité ?

Par leur pouvoir de détraquement. Bouvard et Pécuchet sont des
fauteurs de troubles dans tous les domaines, ils font surgir en tous
points (les idées, la nature, la société) le désordre. Ils manifestent le
désordre comme vrai ordre. Leur servilité mimétique, leur aplomb qui
leur permet de tout dire et de tout faire, qui les met hors la loi en quelque sorte, en fait les agents du scandale, de l'innovation, de la confusion. Leur bêtise est faste-néfaste. On a l'impression qu'avant eux, il n'y
a rien qu'une routine, le monde va son train, les plantes poussent, les
hommes vivent. Puis dans ce monde aussi immobile et pétrifié que le
paysage du liminaire (le canal entre ses digues et ses écluses), Bouvard
et Pécuchet font leurs farces, leurs « bêtises » comme dit Germaine.
Sous prétexte de rationaliser toutes choses, au nom d'une raison néo-
phyte et conquérante, ils détraquent l'univers. Ils sont les intermédiaires entre l'« ordre » et le « désordre », ceux qui relativisent ces deux
notions trop humaines. Sont-ils utiles ou désastreux ? Question à laquelle il n'est pas possible de répondre, comme à la question de leur
bêtise ou de leur intelligence. Accéder au grotesque triste, c'est accéder
à cette question.

S'ils ne font rien, ils dé-font. Il y a en Bouvard et Pécuchet une
démesure, une violence (Flaubert parlait de « pousser l'idée à outrance»
à leur propos) (90), le pouvoir de convertir toute intervention à la catastrophe. Leur échec est un chaos. L'envers de toute réalité. Telle est la
loi des événements dans le roman ; le sadisme flaubertien s'exerce sur
les personnages et à travers eux sur la précarité de l'ordre. La bêtise
c'est la subversion passée à l'acte. Bouvard et Pécuchet ont un destin
farcesque (être battu, trompé, volé, *tomber*, que de chutes !), et une
fonction d'exaspération : des autres, des situations ; à vouloir le mieux,
ils font le pire. Leur mauvais destin est alors le bon.

D'où le sillage de désastres qu'ils laissent derrière eux : un éboule-
ment (91), un incendie (les meules), une explosion, celle de l'alambic
qui a crevé « comme un obus », et semé la destruction, (et la même
formule revient pour le martyr du chien « qui passa comme un boulet
de canon par les carreaux »), et puis il y a les altercations sans nombre,
les démêlés avec leurs voisins et l'autorité, chaque entreprise engendre
une crise ; dès le début Bouvard au café fait des tours d'équilibre : d'où
une querelle avec le garçon. A la fin devenu homme de cabaret il produit un hiver durant par ses propos sur le libre échange des scènes enra-
gées, « regards furieux, attitudes méprisantes, injures, vociférations,

---

90. *Cor.*, V 296.
91. Il ne faut pas oublier le dialogue qui suit la catastrophe : Bouvard et Pécuchet invoquent les intérêts de la science, et le garde-champêtre leur reproche
d'être « dans les limites du Génie ». (p.147)

coups de poing qui faisaient sauter les canettes ». Insupportables, du début à la fin, ils ne cessent de « saper les bases » (92), ne serait-ce qu'en « introduisant des thermomètres dans les dérrières ». Leurs inventions soulèvent les foules, les moissonneurs malades de leur bière, les notables malades de leurs remèdes, le bossu frustré de son déjeuner, les paysans qui les voient défiler et leur servent de *sujets*, les gardes-champêtres, les gendarmes auxquels ils ont toujours affaire à la fin. On les flanque à la porte, on les menace de leur « crever la paillasse » (pour les dindes hypnotisées), leur intervention pour les braconniers suscite une tempête, les hurlements d'une meute enragée, un procès ; « sacrés gens de malheur » dit le femier Gouy pour leur dernière visite à la ferme, où encore une fois ils sont semé le trouble, effrayé les animax, gâté la lessive, « compromis » Mme Bordin, provoqué cris, injures, exaspération. Provocateurs de discorde, persécuteurs des bien-pensants (l'abbé les fuit et évite en vain de les rencontrer), *Fâcheux* universels et métaphysiques, ils font tout *craquer,* « tout leur a craqué dans la main » (93). Avec eux, l'esprit, ou le trouble vient au monde.

Dans leur période pédagogique, ils créent en enseignant simultanément « un charivari abominable » ; dans leur période magnétique et psychique, ils se servent de l'harmonica qui rend le malade enragé, et comme agronomes ils avaient déclenché la crise du gigantisme et du pullulement des cochons, qui « embarrassaient la cour, défonçaient les clôtures, mordaient le monde ». Multiplication calamiteuse parallèle à celle des fermiers devenus une « horde » : non moins dévorante (94). Que dire encore des pourritures extraordinaires, des infections épouvantables, qu'ils ont engendrées en s'occupant de conserves, de physiologie, ou encore de leur activité destructrice quand ils se mêlent de découvrir les fraudes : alors le jujube « prend l'apparence d'une couenne de lard ». Grâce à eux, en quelque sorte la *natura rerum* est ébranlée et révèle le principe d'instabilité qui sommeille en elle. Bouvard et Pécuchet détruisent les formes, les objets, les substances. Et il en est de même pour la *natura hominum* : quelle idée, quelle institution n'est pas questionnée, ébranlée, rejetée ?

Le mécanisme de retombée de leur initiative ne doit pas cacher qu'elle aboutit aussi à un gain en confusion, et en trouble, à une montée irrésistible de l'excès, à un dérèglement insidieux qui est une forme de détraquement. Par exemple le passage de l'expérience de Sanctorius (95), où comme si de rien n'était s'élabore devant nous une situation démesurée, complètement folle, grotesque-triste parce qu'elle est inconcevable. Elle se développe comme une machine impavide qui produit le résultat impensable de mettre en usage en même temps une balance et une baignoire ; il n'y a plus d'explication possible pour le résultat : Bouvard et Pécuchet complètement nus, l'un dans la balance, l'autre

---

92. Cf. p. 131;319. Voir les incidents, p.299,377-8;399-400;404;406.

93. P. 414.

94. Voir p.84,90,111-113;115;123;283;371.

95. P. 124-5. Ce mouvement d'instabilité d'une situation créée, et l'impression d'impossibilité qu'elle donne, sont peut-être la loi des grandes scènes de farce au XIXème siècle.

dans la baignoire, se faisant des lectures, agitant les « membres pelviens ». Ceci des heures durant. Cette fois (mais que de fois en fait) ils « vont trop loin », comme dans l'épisode de la méningite (96), où nous avons le spectacle de la malade suspendue au plafond dans un fauteuil et balancée « à tour de bras » par Bouvard et Pécuchet. C'était ce qu'appréciait Flaubert dans *Monsieur de Pourceaugnac* : la multiplication des clystères. Toujours, on le montrerait pour les discussions. Bouvard et Pécuchet s'installent immédiatement *à la limite* (97).

Ils y sont avec l'aventure du *délire de l'engrais,* passage qui semble venir de l'Hôtel des Farces du Garçon et de ses déferlements de boue. Précédé du rêve d'infini de Pécuchet (98) sur le bord de la fosse aux composts, où il imagine le cycle éternel des déchets, le texte s'élève peu à peu jusqu'à l'antithèse « hugolienne », « l'excrément, c'est de l'or ». Dans cette vision de l'excrément-trésor, de l'expansion infinie du principe inverse, où le malpropre devient le plus précieux, Bouvard « ivre » d'engrais comme le voulait Flaubert s'abandonne à un lyrisme de l'entassement, de l'accumulation, et surtout de la confusion : ce Néron excrémentiel qui despotiquement « supprima les lieux d'aisances » et qu'on voit « souriant » au milieu de son royaume d'infection, est inspiré par un sublime d'en bas, il collectionne toutes les matières négatives, toutes les choses sales et mortes, il exalte le grand retournement qui ferait de la réalité un détritus, et de toute la matière, matière fécale. A ce texte je joindrai pour finir la scène de la vache magnétisée (99). Cette fois le détraquement est complet : détraquement de la rationalité, la vache guérit effectivement. Détraquement du langage, avec *la pointe* d'une rare préciosité de Pécuchet, « une porte ouverte à l'espérance » ; le voici plus maître de la diction ennoblissante que tous les poètes. Mais nous sommes jetés plus loin encore en constatant l'animalisation des magnétiseurs, qui par émotion, par sympathie, participent à la bestialité et s'identifient à leur sujet. Tel est l'échange, telle la substitution : Pécuchet parle quand la vache « émet un vent », les « gargouillements » du ruminant provoquent « des borborygmes au fond de leurs entrailles », et quand « leurs cœurs se desserrèrent », « la vache dégonfla ». Et l'espérance annoncée par le « débouché », c'est « un flot de matières jaunes éclatant avec la force d'un obus ».

On me permettra de m'en tenir là ; je n'ai pas trouvé d'autre conclusion. S'agissant du grotesque triste, c'est peut-être celle qu'on peut avoir de « meilleur ».

                                                                    Michel CROUZET

---

96. P. 130.
97. Cf. p. 342, « on trouvait maintenant qu'ils allaient trop loin ». On trouvera le même principe, que l'imitation in-intelligente, n'est pas la plus sotte, mais la plus révélatrice, dans le passage où le père Gouy applique le principe socialiste du « droit au travail » (p. 238), c'est-à-dire son droit à forcer Mme Bordin à le faire travailler, ou plutôt à le laisser dévaster son jardin. Pour les discussions, par ex. p. 365, « le scandale redoubla quand Pécuchet eut déclaré qu'il aimait autant le Bouddhisme » p. 411, « théorie de la réhabilitation. Ils dîneraient avec Touache » ; p. 157, « l'homme descend des poissons ».

98. P. 77 et 89.
99. P. 283-4.

UNE INENARRABLE HISTOIRE

Ce titre est à prendre au pied de la lettre puisque nous ne commentons qu'une absence de récit, ou plus exactement le récit d'un récit infaisable, en fait le récit de la non effectuation d'un récit. Par ces correctifs un peu appuyés, nous désignons par avance l'ambiguïté d'un texte qui semble se prêter trop facilement à la lecture symptômale que nous tentons d'en faire. Il s'agit d'un fragment de *Bouvard et Pécuchet,* très précisément du passage où les deux copistes, voulant rivaliser avec les historiens de leur temps, méditent d'écrire une « histoire », c'est-à-dire cet intermédiaire entre la chronique et la monographie, qu'est la biographie d'un personnage historique.

C'est en ces termes que le projet prend naissance dans leur esprit :

« Veux-tu que nous essayions de composer une histoire ?
— Je ne demande pas mieux ! Mais laquelle ?
— Effectivement, laquelle ? » (1)

En définitive, ce sera celle du duc d'Angoulême. Pourquoi lui ? Le nom s'impose à la lecture de la dédicace de la statue de Saint Pierre, fleuron de leur musée. Détail intéressant : le désir d'histoire sort du musée, de cet ossuaire où chaque esquille d'os semble attendre son Cuvier, son patient archéologue qui, à partir d'un fragment, saura ressusciter le corps tout entier ; mais, pas plus que Flaubert, Bouvard et Pécuchet ne seront les Cuvier de l'histoire contemporaine.

Une remarque de Bouvard installe d'emblée l'entreprise dans la dérision : « Mais c'était un imbécile !»... « Qu'importe ! Les personnages du second plan ont parfois une influence énorme — et celui-là peut-être tenait le rouage des affaires », lui répond Pécuchet. Alors pourquoi pas lui ?

Il leur faudra pourtant se rendre à l'évidence : sa vie n'est pas narrable — comme si les matériaux scrupuleusement accumulés à cette fin résistaient à toute mise en forme, comme si leur fondamentale hétérogénéité s'opposait à toute tentative de réduction narrative. En d'autres termes tout se passe comme si le réel en sa diversité irréductible faisait brusquement irruption pour dénoncer l'illusion du monologisme de « la Forme » et « du Sens ». Les voilà donc, de façon plaisante, farcesque même, victime d'un drame de l'écriture dont Flaubert subit, sur une autre scène, les tourments.

---

1. *Bouvard et Pécuchet.* Chapitre IV. Toutes les citations seront tirées de l'édition réalisée par Claudine Gothot-Mersch pour Gallimard — 1979.

Ce texte est emblématique — nous le lirons comme tel. Sur le mode parodique il mime la faillite d'une certaine conception de l'écriture, en l'occurrence son impuissance à résorber les sens parasitaires pour les soumettre à la loi du Tout, son incapacité à résoudre le problème des résidus, des surplus de signification. Par cette petite comédie nous est révélé qu'est désormais intenable la position de maîtrise occupée jusque là par l'écrivain. (on hésite à l'écrire une fois encore, et pourtant ce truisme au jour d'aujourd'hui, n'a rien perdu de sa validité pour expliquer la torture d'un écrivain qui avait confusément entrevu la portée de ce constat).

C'est autour de ce savoir encore confus à l'époque de Flaubert, que s'organise la fiction. En fait ce récit bouffon, version souriante des lamentations flaubertiennes, raconte ou plutôt *rend compte* de l'impossibilité à écrire une histoire dès lors que les conditions minimales de la fictionnalisation ne sont plus remplies, c'est-à-dire dès lors que viennent à manquer les pôles traditionnels de totalisation du sens : le personnage centré et le narrateur omniscient. Ce faisant il révèle négativement les lois du genre, et sa lecture est instructive. Mais à se dire l'impossibilité s'exorcise ; elle fait texte, et le piège de l'agraphie dans lequel tombent Bouvard et Pécuchet, est conjuré par Flaubert dans ce récit même qui le prend justement en écharpe. Il n'est jusqu'à la problématique de l'informe qui, emportée par le mouvement de l'écriture, ne finisse par prendre forme. Ce texte en est la preuve ; il est de ce fait paradoxal puisqu'il tient la gageure de raconter, de mettre en récit l'histoire d'un récit infaisable, comme pour nous dire, à partir de cette expérience limite, qu'il n'est de récit possible que lorsque le poste du sujet narré/narrant, est fermement occupé.

Une histoire tirée par les cheveux ou comment on (n')écrit (pas) l'histoire.

Rien de plus simple en apparence que d'écrire une histoire. Souvenons-nous de la fiction accréditée par les anthropologues, d'une humanité berçant son enfance de récits qui lui tenaient lieu de savoir. A les croire le genre narratif serait *archaïque* et quasi *spontané*. Il précéderait toute forme de connaissance, chronologiquement bien sûr, mais logiquement aussi. Pas de concept qui ne résulte de la contraction d'une mini-fable, pas de pensée qui n'ait une dette envers la narration. Telle est, du moins, la leçon de Spinoza pour qui les idées ne sont pas autre chose que « des récits ou des histoires de la nature dans la pensée ». Si le glissement de la fabulation à l'intellection s'accomplit sans heurt, c'est que ces deux procédures d'appropriation du réel sont travaillées par l'identité d'un même sens.

N'est-ce pas du reste ce qu'à grand renfort de formalisation redécouvrent les narratologues ? De là à croire qu'il est de la nature du réel d'être intelligible, donc narrable, il n'y a qu'un pas vite franchi puisqu'aussi bien choses et mots sont assujettis aux règles de la même logique. Cette présupposition qui « naturalise » la forme narrative est la règle d'or de toute sémiotique littéraire pour laquelle « le schéma narratif est l'articulation organisatrice de l'activité humaine qui l'érige en signification » (1).

Sens, récit, sujet, tout cela serait d'un même côté de la barre signifiante.

Sous le règne de la logique du sens rien n'est donc plus simple que d'écrire une histoire. Il suffit de se laisser guider par cette naturelle propension du réel à être narré. Les choses s'ordonnent d'elles-mêmes, le reste est affaire de style.

C'est pourtant contre cette « simplicité » que viennent buter Bouvard et Pécuchet. Rien ne va plus : le désordre s'est installé au cœur du réel et l'ordre de leurs mots ne peut plus y remédier. Nul récit ne peut prendre en charge la totalité des énoncés qui sont censés contenir la vie du Duc, jusqu'en ses moments les moins publics.

Leur entreprise commençait pourtant sous d'heureux auspices. Un bibliothécaire complaisant avait mis à leur disposition des documents divers ainsi qu'une lithographie coloriée représentant de trois quarts Mgr le duc d'Angoulême :

> « Le drap bleu de son habit d'uniforme disparaissait sous les épaulettes, les crachats et le grand cordon rouge de la Légion d'honneur. Un collet extrê-mement haut enfermait son long cou. Sa tête piriforme était encadrée par les frisons de sa chevelure et de ses minces favoris ; et de lourdes paupières, un nez très fort et de grosses lèvres donnaient à sa figure une expression de bonté insignifiante ».

Bien que la question du sens ne fût inscrite que négativement sur cette face inexpressive, « *insignifiante* », ce portrait, par sa seule présen-ce matérielle, avait pour effet de les assurer d'un référent absolu : *le duc d'Angoulême,* auquel pouvaient se rapporter comme à un *signifié ma-jeur,* les signifiants d'existence que Bouvard et Pécuchet recueillaient dans les livres.

Que la place du référent soit occupée par un portrait complique quelque peu le jeu. En effet les procédures de vérification auxquelles Bouvard et Pécuchet (fidèles avant l'heure au 3ème principe logique de Husserl) soumettent tout discours, échouent constamment parce que la référence se dérobe derrière la masse des recouvrements discursifs. Ici encore, un ensemble de représentations vient s'interposer entre eux et le duc. Le référent mondain, garant de la valeur des énoncés attributifs n'est qu'un simulacre : un tableau ; et l'on songe à certain propos de R. Barthes attirant notre attention sur le sémantisme du verbe *dépeindre* qui implique en bonne logique une peinture antécédente à mimer. Comment mieux dire qu'il n'y a pas de référent originel, que tout est déjà du représenté et que Bouvard et Pécuchet sont pris à leur insu dans le tourniquet de la représentation ?

Mais nous pouvons ici en négliger les effets. Peu importe que la cohérence visée par eux, cohérence qui se donne pour référentielle, ne sorte, en fait, pas de l'espace de la représentation. Hallucinés par cet étrange sentiment de présence réelle que fait naître ce pouvoir évocateur

---

2. A. Greimas in Préface à : *Introduction à la sémiotique narrative et discur-sive.* De J. Courtès, éd. Hachette.

de la représentation, ils ne voient que l'homme dans ces quelques traits rehaussés de couleur.

A leurs yeux, c'est comme si le duc était là, en personne, prédicat vivant auquel se rapportent tout naturellement les fonctions attributives du récit. C'est *en lui,* comme en leur auteur que tous les actes d'une vie doivent s'organiser ; c'est *de lui*, comme de leur destinataire qu'ils doivent tirer leur signification. Il est le centre vers quoi tout converge. Réalisant par la seule vertu de son existence la synthèse des « biographèmes » qui ne s'appréhendent que dans le désordre et la discontinuité, il est comme l'affirmation de leur principe de coalescence dont il ne reste plus aux apprentis biographes qu'à retrouver la logique. A eux donc de construire leur récit autour de cette figure unique, centrale, dépositaire d'un sens posé dès avant que n'intervienne le discours. Sujet et sens se confondant en sa personne, le duc d'Angoulême devient le point focal d'une totalisation dont l'écriture historienne n'a plus qu'à mimer le mouvement. Le programme narratif est tout tracé — pour le remplir, on voit se profiler sur l'horizon des possibles un type de narration dont le modèle se situerait quelque part entre *la Vie* et *l'Exemplum.* Nous pourrions en résumer l'idée force en ces termes : le héros auteur/sujet de son histoire la constitue en *signification*.

Arrêtons-nous à cette première version hypothétique de la vie du duc d'Angoulême. C'est celle de la narration historique traditionnelle à visée totalisante. Pour l'écrivain qui joue le jeu de l'identité, la mise en forme scripturale, le passage au récit, ne fait guère problème, car toutes les notations isolées se relient aisément en une relation dont le personnage est le héros. Quand d'aventure cette liaison s'avérerait incertaine, le sens n'en serait pas pour autant menacé dans son unicité, car *la cohésion logique* des énoncés romanesques compte ici moins que *la cohérence* de chacun avec le référent personnage. S'il fallait un schéma pour figurer ce mode d'arrangement, ou de montage discursif, ce serait celui de la gerbe ou du faisceau, par opposition à celui de la chaîne (texte classique) ou de la partition (texte dit moderne). Le personnage y est au centre du dispositif textuel, cumulateur de significations il est en retour foyer émetteur du rayonnement. Il absorbe et il réfléchit. Il totalise son histoire comme il est retotalisé par l'Histoire.

Chaque action, chaque parole, quelque insignifiante qu'elle soit dans son contenu intrinsèque, se met à signifier dès lors qu'on la lit comme une exemplification de la personne du duc d'Angoulême, qu'on l'interprète comme une preuve de sa ressemblance à lui-même.

Ses faits et gestes les plus absurdes ou les plus nuls prennent sens car il y est identifié comme dans autant de miroirs où il se reflèterait à chaque fois intégralement. Bref, ses traits d'esprit ou de caractère sont marqués du sceau — en l'occurrence difficilement visible — de son *identité* et de son *historicité,* ce qui, en dépit de leur médiocrité évidente, les investit d'une valeur absolue. Si le personnage est ainsi constitué par la somme de ses énoncés et de ses comportements, il faut bien qu'il y ait une instance comptable qui fasse l'addition à chaque fois. L'identification suppose un identificateur, la totalisation, un totalisateur et la narration à sujet plein ne va pas sans attribuer un bon poste d'observation au narrateur et au lecteur. Depuis cette place sûre en ses fondements, il ne reste aux futurs écrivains ou historiens que sont Bouvard et Pécuchet qu'à ajuster au mieux les morceaux prélevés dans les ouvrages antérieurs pour composer un ensemble qui soit comme la vie même, « comme un raccourci des choses, reflétant la vérité tout entière », pour reprendre leurs propres termes.

Ce travail d'animation n'exige que du savoir-faire ; c'est là que la rhétorique entre en scène, celle qu'on apprend dans les manuels du même nom. N'en citons qu'un au hasard, proposant à l'apprenti, un modèle du genre : « nous ne voyons pas le narrateur ; nous ne voyons que les héros qu'il fait agir et parler. Leurs habitudes, leurs mouvements, leurs gestes, sont représentés avec tant de vraisemblance et de naturel que nous ne songeons pas à nous défier de l'historien ».

Une seule méthode : la focalisation du récit sur le héros. C'est sur lui que doivent converger les regards, c'est sur lui que doit se concentrer l'attention : l'apparence du « naturel » ne s'obtient qu'au prix de cette vectorisation des discours. La bonne narration, historique ou non, exige donc un héros sûr, un sujet stable, reconnaissable, repérable, placé sans ambiguïté au poste clef.

Or le scrupule tardif d'un bibliothécaire trop zélé vient ruiner le projet de Bouvard et de Pécuchet. Un autre portrait du duc mis sous leurs yeux juste avant leur départ révèle une vérité incompatible avec le présupposé historique aussi bien que romanesque : le héros ne se ressemble pas à lui-même ! « Sur celui-là il était un colonel de cuirassiers, de profil, l'œil encore plus petit, la bouche ouverte, avec des cheveux plats, voltigeant ».

Entre les deux portraits la différence est mince, à dire vrai elle ne tient qu'à un cheveu : « Avait-il les cheveux plats ou bien crépus, à moins qu'il ne poussât la coquetterie jusqu'à se faire friser ? »

Détail infime, négligeable ? et bien non « la question [est] grave suivant Pécuchet, car la chevelure donne le tempérament, le tempérament l'individu », et faute de pouvoir se prononcer sur cette chevelure changeante, Bouvard et Pécuchet n'écriront pas l'histoire du duc d'Angoulême. L'évidence de l'altérité du duc entraîne sa « déhéroïsation », et de fil en cheveu c'est le sujet biographique qui vient à faire défaut. Comme on le voit, il s'en faut d'un cheveu que la narration ne soit possible... Mais en dénonçant la duplicité du personnage, ce cheveu l'a fait déloger de la place centrale qui aurait dû être la sienne. Force est donc pour tenir récit de trouver le moyen de l'y réinstaller, *soit en dépassant la contradiction* des apparences pour retrouver l'unité profonde de l'être

d'où le problème posé au narrateur : « comment concilier les deux portraits ? » — *soit en imaginant* un pôle de totalisation autre que le personnage qui mette fin à la débandade des notations, à l'affolement des énoncés devenus absurdes pour ne se rapporter à rien. Ceci nous conduit avant l'heure sur la piste de la deuxième version hypothétique de la vie du duc d'Angoulême : celle de la *fiction historique*.

Plaçons pour un instant l'ironie Flaubertienne entre parenthèse, et risquons-nous à prendre résolument cette fable au sérieux. Sa morale est double.

— *Premièrement* : un récit historique ne s'écrit que si la place du sujet y est marquée de façon univoque.

Le règlement de la question du sujet totalisant est donc préalable à toute entreprise narrative de ce type.

— *Deuxièmement* : Ce préalable n'est jamais acquis.

Si Bouvard et Pécuchet ne peuvent pas écrire c'est qu'ils ne savent plus *qui* est le duc d'Angoulême. Son être s'est comme dissout dans la pluralité des paraîtres ; son individualité s'est fracturée en actants multiples, et, à la faveur de cet ébranlement du principe d'identité, une faille est apparue dans la belle unité du sens. Sa vie réduite désormais à une collection désordonnée de comportements et d'actes verbaux, est devenu quasiment inintelligible, c'est-à-dire proprement inénarrable.

Ce qui se traduit dans le texte flaubertien par une série discontinue de notations hétérogènes.

Derrière le pronom de troisième personne, un nom évident : « Duc d'Angoulême », mais ce nom ne peut plus contresigner les moments d'une histoire dont le sujet n'est plus assuré. Le nom propre, non remis en cause, dans son principe d'ordre, doit seulement trouver un autre lieu d'où imposer sa marque.

Persuadés que la forme à laquelle aspire tout récit est un monologisme focalisé sur un sujet, Bouvard et Pécuchet ne peuvent se satisfaire d'une succession aléatoire de propositions déictiques du type « il fait ceci, encore ceci etc... » pour remplacer *une proposition définitionnelle* dont la narration a justement pour fonction de produire un équivalent.

En cela ils restent, comme Flaubert, les disciples fidèles de l'école d'Aristote qui a marqué toute une tradition narrative en étouffant sous les sarcasmes la voix de l'hétérogène, à commencer par celles des Cyniques. Rappelons que leur perspectivisme les conduisait à penser qu'il fallait considérer tout énoncé comme un acte de langage, comme une décision ou un point de vue sur les choses, et non comme une adéquation à un objet dont on ne peut jamais savoir ce qu'il est (3). Contre la logique de l'identité, la logique des juxtapositions. Et dans le droit fil de cette dernière, qui s'accommode du conflit des significations, *plus de bon poste du sens, mais une infinité de postures abandonnées sitôt que prises.* Tout jugement devient mouvant, fluctuant, instable, et ce flottement général entraîne le naufrage du sujet monadique. L'écriture dite « moderne » ne cesse de vouloir singer cette catastrophe sous prétexte d'être au plus près de la vraie nature d'un sujet instable dont la philosophie classique aurait dissimulé la désagrégation sous le fantasme de l'unité.

Cette acceptation de la dérive du discours est pour Flaubert une démission, un mépris de la déontologie de l'écriture, et le désir en est repoussé comme un de ces monstres séducteurs et hideux qui viennent tenter Saint Antoine.

_____

3. Voir sur ce point l'article de J.F. Lyotard in *Rudiments païens* 10/18 éd. U.G.E.

Où la forme de perd pas ses droits.

Écrire n'est-ce pas justement retarder la catastrophe, en luttant contre la dispersion des choses, en faisant obstacle à la dissémination des sens — en d'autres termes n'est-ce pas investir de force les places fortes de l'hétéronomie pour les annexer à l'empire de la « Forme » et du « Sens » ?

Flaubert confie donc à l'écriture la mission périlleuse de restituer à l'éphémère sa forme d'éternité en rabattant l'accident sur l'essence. Ce regard spinoziste qui exhibe toute chose « sub specie aeternitatis », suppose un poste d'observation élevé, une place solaire, d'où l'on puisse embrasser le divin sous l'espèce d'une forme pleine, continue, finie, en laquelle le réel historique se totalise et se contresigne. D'où l'angoisse qui saisit l'écrivain quand la forme se dérobe, car c'est de son poste qu'il se voit déssaisi, de sa maîtrise qu'il se voit dépossédé. Il est obligé, condamné à « la Forme » et « au Sens » qui seuls manifestent sa victoire. Le problème n'est pas nouveau. Avec Blanchot donnons-lui une origine : l'âge du bouleversement platonicien : « Penser, c'est dorénavant voir clair, se tenir dans l'évidence, se soumettre au jour qui fait apparaître toutes choses dans l'unité *d'une forme,* c'est faire se lever le monde sous le ciel de lumière, comme la forme des formes, toujours éclairé et jugé par le soleil qui ne se couche pas » (4). La pensée y prend pour mesure la visibilité. Penser c'est non seulement se tenir sous la lumière solaire, mais aussi produire toute chose comme dans la clarté de cette unité de lumière qu'est le soleil, en la dotant d'une forme une, unifiée et unifiante.

Logique chez Aristote où elle se réalise dans l'obédience au *principe de cohérence*, elle devient vivante chez Hegel, où elle se confond avec *le devenir*. Elle y est la condition absolue de toute idée conçue comme une totalité en mouvement. Le beau est assomption de la forme. Forme ici ne s'entend plus comme *reflet d'une unité antérieure à reproduire* — comme copie d'un idéal antéposé dont la divinité fut à la fois le garant et le modèle — mais comme *aboutissement d'une unité à produire* — comme dépassement des contradictions en elle résolues. Dans cette perspective esthétique la Forme n'est pas l'accomplissement d'une *vérité à copier,* mais celui d'une *vérité à engendrer.*

L'âge classique vit sous le règne de la forme — il croit à l'unité du monde, et surtout à la place hégémonique du sujet totalisant, qui instaure le Tout pour le maîtriser. Sa belle assurance repose sur un postulat aussi vieux que l'ontologie : *le réel est continu.* Que l'homme n'appréhende cette continuité originelle que dans la discontinuité des phénomènes est un signe de la faiblesse de son entendement, une preuve de sa finitude — aussi toute expérience d'une discontinuité qu'il n'arrive pas à réduire, culpabilise le sujet en le renvoyant à son imperfection radicale, à son défaut d'être — L'artiste et l'historien sont préposés à la ligature de la gerbe pour que la cité s'identifie en cette belle unité, chèrement prélevée sur la moisson du divers.

---

4. M. Blanchot : in *l'Entretien infini.*

Le XIXème siècle voit se ternir ce bel optimisme philosophique. Le Grand Tout, comme un miroir brisé, ne reflète plus que l'image de la division, du morcellement, de l'instabilité. « Ce qui me navre, écrit alors Flaubert, c'est la conviction que nous entrons dans un monde hideux... J'ai le sentiment de la fin du monde. « Un monde hideux, c'est-à-dire tout à la fois laid et monstrueux, à l'instar de ces arrangements contre nature qui pour Descartes s'appellent des monstres. Qu'est-ce qu'un monstre ? Le négatif de la Forme, son envers paniquant : l'informe même. Sommée de dire la monstruosité du monde, la forme ne peut que battre en retraite, consciente de son impouvoir. Elle se dérobe quand la totalité, où elle trouve son principe d'ordre, n'est plus la bonne mesure pour penser l'hétéronomie d'un réel qui ne se ressemble plus à lui-même.

Que ceci ne soit encore qu'une illusion, une fiction idéologique destinée à expliquer un insupportable malaise qui a commencé avec le sentiment douloureux d'un divorce entre les mots et les choses, qu'importe puisque nous en constatons les effets dans le réel de l'écriture flaubertienne.

Pas d'euphorie ni de plaisir à la pluralité, mais un drame permanent pour qui s'est totalement engagé dans le combat de la Forme, au moment même où sa défaite est sûre — drame que l'on peut traduire dans les termes de cette double question esthético-éthique : comment vivre et écrire dans un monde éclaté quand on a la passion de la totalité ? quand on croit que seul le Tout est « index veri » ?

Flaubert ne peut admettre la défection générale du sens, il l'intériorise comme un échec qu'il attribue tour à tour à son incapacité personnelle ou à celle de la langue, ce qui en la matière revient presque au même, puisque en raison de sa qualité d'écrivain Flaubert se sent une responsabilité envers cette dernière. « A qui la faute se demande-t-il en prenant la mesure du problème ? A la langue. Nous avons trop de choses et pas assez de formes ». La réponse, parfois s'inverse mais la question demeure fondamentalement la même. L'écrivain ne peut la fuir, aussi s'implique-t-il entièrement dans une tâche dont il n'ignore pas, dans ses moments de lucidité, le caractère désespérément fou ; car c'est folie de vouloir être l'ouvrier de cette œuvre de restauration de la bonne intelligence du langage et du monde ; car c'est folie de vouloir recouvrir l'espace non homogène du sens par une de ces formes vides qui s'offrent, toute prêtes, au remplissage des discours. Mais comment renoncer à la forme quand on imagine que c'est en elle que toute chose fait sens, que c'est en elle et par elle, que le contingent communie avec le nécessaire, l'éphémère avec l'Éternel ? L'écrivain se laisse prendre à ce platonisme qui attise ses tourments : « Le fait, écrit-il, se distille dans la Forme, et monte en haut comme un pur encens de l'Esprit vers l'Éternel, l'Immuable, l'Absolu, l'Idéal ». Comment mieux dire que pour lui la Forme (toujours revêtue de la majuscule qui l'essentialise) est tout à la fois le but et l'objet de l'acte d'écriture ? Dès lors « écrire » ne se conçoit que comme une opération morphologique, qui métamorphose l'amorphe en Forme.

Comment prendre l'histoire dans les rets d'une écriture fragmentaire.

Pour revenir à eux, Bouvard et Pécuchet ne deviennent ni écrivains ni historiens parce qu'ils ne savent pas se rendre maîtres du sens. Ils se laissent trop vite embarrasser par les obstacles que l'indocilité du réel leur oppose, et décourager par les signes de leur dépossession. Ils intériorisent un échec dans la quête de la ressemblance, en un non-savoir fautif d'où ils concluent que les faits extérieurs ne sont pas tout. Il faut les compléter par la psychologie. A les suivre, il leur manquerait donc une bonne psychologie du comportement pour remédier à ce défaut d'être qui s'indique dans la dualité des portraits. Mais l'absence dans le texte d'une théorie où se restaurerait le principe d'identité du sujet suffit à prouver que le personnage n'est plus le bon poste à partir duquel peut s'opérer par delà les contrariétés apparentes la totalisation des sens. Or le Sens ne s'entend, à la date, que de la conciliation des contraires. Ils ne peuvent donc écrire qu'au vu et au su de cette Terre promise que constituerait une *Unité supérieure* en laquelle s'accordent toutes les contradictions. Mais comme le personnage, lui-même divisé, ne peut synthétiser une expérience par ailleurs fragmentaire, ce n'est pas par son entremise qu'a chance de réussir cette opération d'intégration syntaxique de bouts ou de bribes de discours, qu'on appelle une narration historique. Il faut trouver un autre lieu stratégique qui puisse produire une figure unitaire capable d'englober tous les savoirs morcelés en les entraînant dans le mouvement de son propre devenir, de sa propre réalisation. Reste donc, comme lieu de focalisation : *l'Histoire. L'Histoire comme idée abstraite d'une totalité supposée, l'Histoire comme le savoir globalisant* par excellence. De l'Histoire, et d'elle seule, considérée, non comme *forme*, mais comme *force* qui s'empare des faits discontinus pour les produire dans la « lumière solaire du Sens », on peut attendre qu'elle révèle, avec l'intelligence de l'après-coup, le sens d'une vie, obscure pour qui s'en tient à l'énoncé des faits — bref qu'elle restitue aux signes morts ce supplément signifiant qui les réanime ; qu'elle fasse apparaître toute chose dans un ordre invisible avant son intervention. C'est donc à l'Histoire de donner sens (signification et direction ici confondues en un double travail de dévoilement et de vectorisation) à l'insignifiante histoire d'un duc, dont la figure portait les stigmates d'une prévisible débâcle des significations.

Mais l'Histoire, avare, ne donne rien qu'on ne lui arrache.

Surface neutre d'enregistrement des faits, mémoire indifférente des actions et des paroles des hommes, elle ne dit rien si on ne la fait parler, si on ne la met à la question. Tout au plus jacasse-t-elle pour égarer. Cette instance non marquée, illusoirement considérée comme émettrice d'un « dictum impersonale », s'enferme dans son mutisme ou s'abandonne à son bavardage incohérent tant qu'aucune voix personnelle, *marquée,* ne vient rompre son désespérant silence ou traduire son inaudible babil — Que personne ne parle à sa place et elle ne produit que du non sens, par brouillage ou par défaut —

Ainsi l'Histoire ne remplit-elle sa fonction d'unification que si quelque unificateur s'immisçant dans son désordre sait la faire accoucher de sa vérité. Son pouvoir unifiant repose sur l'existence d'un «sujet supposé savoir » qui l'exerce en son nom, et ce sujet du savoir historique c'est, bien sûr, le narrateur savant.

La solution de rechange est toute trouvée. Pour que le récit (se) tienne, le poste laissé libre par un sujet/acteur *déficient* doit être occupé par un sujet/narrateur *omniscient*. Mais Bouvard et Pécuchet veulent jouer innocemment, honnêtement le jeu de l'écriture de l'Histoire, entendons sans nul savoir préalable en poche — aussi échouent-ils encore une fois — et cet échec révèle le mensonge de l'historiographe : « être simplement vrai ». Sa prétendue soumission au réel — n'être que ce que sont les choses — (5) dissimule le coup de force par lequel il introduit un sens préfabriqué dans le désordre des choses pour les faire apparaître dans le bel ordre de la narration historique.

L'illusion de la transparence se dénonce d'elle-même. L'historien travaille au forceps ; le sens n'émerge qu'au prix d'un artifice scriptural.

La candeur de Bouvard et Pécuchet pose cependant un problème qui excède celui de leur non-apprentissage de la ruse. N'est pas désarmé qui veut. Que l'Histoire, même à leur insu, ne se soit pas déposée en eux comme *savoir,* prouve qu'elle n'est plus un opérateur suffisant de signification — Que s'est-il passé ?

L'histoire du duc d'Angoulême ne dépassera pas la phase préparatoire de l'énumération et de la juxtaposition d'événements appartenant à des séries hétérogènes et que ne relie aucune causalité ni consécution logique — ni au regard de la psychologie individuelle (biographie) ni à celui de la raison historique (philosophie de l'Histoire)— Il y manque ce que Hegel appelait « l'âme du drame », c'est-à-dire ce par quoi les faits divers aboutissent « à la réalisation du rationnel et du vrai en soi ». L'âme du drame ce serait l'*Histoire* comme *Sens* ; sens *pour* et *par* un sujet agissant (le duc), ou connaissant (Bouvard et Pécuchet). Or ce que nous dit en creux cette drôle de fable c'est qu'aucun sujet ne peut plus maîtriser le Jeu incontrôlable des choses ni par la *part qu'il y prend* en tant que sujet/acteur, ni par *la connaissance qu'il en a,* en tant que sujet/narrateur. Si les énoncés narratifs, juxtaposés dans ce semblant d'ordre qu'est la chronologie abstraite, sont en fait abandonnés à une dérive de la signification qui les rend bouffons, c'est qu'ils ont été brutalement arrachés à leur principe d'ordre.

Aucune signature ne peut plus les lester du poids d'une attribution sûre, stable. Le duc d'Angoulême n'est pas plus sujet de son *histoire* en laquelle il ne s'identifie pas, que de l'*Histoire* qui ne trouve pas à s'objectiver en lui, de même, Bouvard et Pécuchet ne sont maîtres ni de l'histoire qu'ils veulent raconter, ni de l'Histoire dont le sens leur échappe.

Il faut ici comprendre que, par delà l'envahissement à la surface du texte de l'absurdité des faits, c'est l'Histoire comme *opératrice d'ordre,* comme clef des sens, qui est ici visée.

---

5. Telle est la déontologie de l'historien résumée par Thiers : « être simplement vrai, être ce que sont les choses elles-mêmes, n'être rien de plus qu'elles rien que par elles, comme elles, autant qu'elles ».

Dépossédée de tout principe d'intelligibilité, elle devient comme le musée du Chapitre IV, un espace neutre où s'accumulent les bribes et les fragments d'un passé définitivement perdu. Sa mémoire est trouée, comme atteinte d'une amnésie sélective qui a détruit les corrélations et le texte qu'elle bredouille est comme un lexique sans syntaxe.

Il est temps cependant de renverser l'ordre de nos propositions. Par fidélité littérale au texte de Flaubert, nous avons fait semblant de croire — tout du moins avons-nous présenté les choses ainsi — que la dualité des portraits était cause de l'irruption du non sens dans l'univers du sens, alors bien évidemment qu'elle n'en était que l'effet, le symptôme. Le truquage de Flaubert est habile, il tend à nous faire prendre pour une déficience conjoncturelle, simplement anecdotique, ce qui est le signe d'un profond bouleversement de la pensée.

A relire ce passage tout s'y passe comme si la découverte de la division du duc d'Angoulême en deux personnages antinomiques, l'homme aux cheveux frisés, l'homme aux cheveux plats, le destituait de son poste de sujet/acteur, et qu'en même temps l'absence de solution à cette contradiction révélait le non savoir et l'impouvoir du sujet/narrateur, Bouvard et Pécuchet, à leur tour délogés de leur bonne place de maîtrise. Ajoutons que c'est cette double vacance qui, dans cette aventure, semble priver l'Histoire de son sens et le récit de son effectuation. Il y a là un glissement qui cache que désormais la contradiction est au cœur du réel historique comme son moteur et sa loi, si bien que nul sujet singulier, agissant ou écrivant, ne peut plus en synthétiser le mouvement, ni en maîtriser le développement.

Ainsi, par ce que nous continuerons à considérer comme une sorte de fable, une démonstration figurée, il est témoigné d'une crise de la pensée de la totalité propre à la deuxième moitié du dix neuvième siècle. Le repli de Bouvard et de Pécuchet dans leur logis, mettant tout leur espoir dans un supplément d'information qui viendrait résoudre, dans le sens de l'unité, l'antinomie qui fait obstacle à leur travail d'écriture, n'est qu'une façon imagée d'attribuer à l'ignorance (donc à une cause remédiable) une impuissance d'un autre ordre, et d'écarter provisoirement la question insoutenable de la non univocité du sens. En suspendant la résolution du problème posé par l'altérité du duc, à une découverte ultime qui trancherait en faveur de la cohérence, Bouvard et Pécuchet maintiennent le savoir historique dans sa fonction utopique, mais toujours visée à la date, d'opérateur privilégié de totalisation.

Le fin mot de l'histoire.

Ayant fait, à leur corps défendant, l'expérience de la fragilité des lignes qui entourent l'identité subjective, Bouvard et Pécuchet, avant de retomber, découragés, dans l'impasse de l'agraphisme, entrevoient un possible dépassement de l'hétérogénéité du réel historique dans un déplacement rhétorique du lieu de l'unification ; celui-ci ne pouvant être tenu par le sujet, décentré par excentricité capillaire, il reste la métadiscours biographique qui peut encore s'emparer des contradictions existentielles, pour les résoudre par le seul pouvoir unifiant de son dire. Il suffit donc pour raconter la vie du duc d'Angoulême de substituer la cohérence du discours à l'incohérence de l'individu et de son histoire. De cette transformation discursive des conflits, apparus dans l'instance du sujet, en un ensemble supérieur unifié que dépend désormais toute possible relation de la vie du Duc.

L'embrayeur de ce déplacement qui permettrait le récit historique est tout trouvé : c'est le *pont* — le Pont (aux ânes), de nos futurs historiens (l'ironie de Flaubert ne doit jamais être sous-estimée).

Pourquoi le pont, terme aux multiples connotations ? Il suffit, pour le comprendre, de revenir aux notes prises par Bouvard et Pécuchet au moment où se clôt, sans grandeur, la carrière de cet anti-héros qu'est le duc d'Angoulême : « on doit y relever l'importance qu'eurent les ponts. D'abord il s'expose inutilement sur le pont de l'Inn ; il enlève le pont Saint Esprit et le pont de Lauriol ; à Lyon les deux ponts lui sont funestes, et sa fortune expire devant le pont de Sèvres ».

Ces ponts sur lesquels la vie du duc s'inscrit en une sorte de répétition qui lui tient lieu de destin (modeste), ces ponts où se totalise le sens d'une existence, sont aussi le truchement rhétorique, « le pont », qu'emprunte le discours historique pour rejoindre le sens, *son sens*.

Ce pont qui, tel un gigantesque point de suture rapprochant les lèvres de la plaie du sens, jette son arche de chaque côté de la faille de l'Histoire pour en souder artificiellement les deux bords, métaphorise ici la parole que M. Blanchot appelle « *pontifiante* », la parole bouche-trou, celle qui franchit allégrement l'abîme sans le combler, qui propose le nappé de son ordre pour pallier le chaos du monde, qui offre sa continuité fictive pour faire oublier la discontinuité originelle.

Solution purement scripturale, *le pont* aurait pour fonction de susciter un sens antéposé, une vérité qui dépasse et englobe le sujet en une héroïsation seconde, construite par le discours. *Le pont,* inscrivant une sorte de fatalité au fronton d'une existence insignifiante, fabrique-rait le héros, comme il fabrique le récit historique — permettant la mise en place d'un dispositif narratif qui prend en écharpe le personnage dé-trôné de sa position centrale pour le héroïser à partir d'un élément ré-current de sa biographie, dont la seule récurrence s'arroge le privilège de faire sens, il constitue l'artifice typique par lequel toute monographie transforme habituellement une vie en *destin*.

La parole « pontifiante » est une parole de maîtrise qui atteste, en même temps, une maîtrise de la parole — qu'importe que cette maî-trise ne soit plus incarnée par un agent — acteur ou narrateur — mais simplement par cette législation du discours qui a nom : *rhétorique*. Pour n'être ni individuée, ni historicisée, ni subjectivée, cette loi n'en est pas moins au poste de commandement. C'est elle qui occupe la place (centrale) jusque là réservée aux personnages. Grâce aux ponts la ques-tion du (bon) poste est sauve ; elle est toujours au centre du discours idéologique sur l'Histoire. Le problème de l'écriture de l'Histoire n'est donc, par l'intervention in fine des ponts, que déplacé d'un cran, car il faut une instance qui s'autorisant du discours autant qu'elle l'autorise, assume cette parole, ce qui suppose toujours de l'unité quelque part. Et quand bien même cette unité serait-elle réduite à une simple fonc-tion neutre, vide de contenu psychologique ou historique, il n'en reste-rait pas moins que par elle la place de la maîtrise abandonnée par les sujets concrets qui l'ont fuie, ou en ont été dépossédés, demeure, bien que vacante, une place obligée du discours historique de l'époque. A partir d'elle et d'elle seule, le sens peut se constituer.

Mais les ponts sont précaires — lieux de passages ils ne représentent qu'une sorte de non lieu, un entre-deux qui peut difficilement stabiliser le personnage ambigu dans sa figure héroïque, sauf s'ils se révélaient être ponts d'Arcole. Or, et là réside la morale impensée de l'épisode analysé, *après 1848 les ponts avec l'Histoire sont précisément coupés*. Le pont d'Arcole n'est plus qu'un mythe...

Aussi la solution par les ponts reste-t-elle une possibilité purement textuelle, et pour avoir offert de restaurer, au seul plan formel, la figure du maître sous la forme du *maître mot*, alors que Bouvard et Pécuchet veulent retrouver la jonction authentique entre le récit et l'Histoire/sens, elle est vouée à un nécessaire échec.

Pour écrire l'impossible histoire du duc d'Angoulême, sans doute leur aurait-il fallu renoncer au pont et savoir, comme Flaubert, perdre de vue la rive, savoir payer le prix de l'écriture, c'est-à-dire accepter l'idiotie ou la folie...

Françoise GAILLARD

UNE ÉTRANGE GREFFE*

I

Je voudrais étudier comment le discours de savoir pratique, technologique et conceptuel, proposé par *Bouvard et Pécuchet*, intervient dans le discours narratif de cette œuvre. Soit, en excluant le repérage de ses sources, nécessairement antérieures au texte, et sans prendre en compte la valeur scientifique ou historique de ses énoncés, analyser son écriture romanesque. Pour observer quelques effets produits par l'énonciation même de ce discours savant, considéré comme intrinsèque au texte qui le donne à lire (1).

Le savoir ici mis en jeu par Flaubert ne provient pas, on le sait, sauf très rares exceptions (2), de livres ou manuels fictifs, tels qu'en inventera plus tard J.-L. Borges au long de son œuvre. D'où le souci d'examiner de près le statut textuel d'un discours de savoir introduit en telle quantité dans une fiction. Non pour tirer parti du fait que cette fiction se plaît, à son propos, autant à brouiller ou taire les références qu'à les mentionner avec précision. Ni même pour la raison que, ainsi pris dans un rapport latent ou manifeste avec d'autres livres, le roman de *Bouvard et Pécuchet* évolue plus que tout autre dans la mouvance de l'intertexte, au point d'anticiper quelque peu l'infini de *La Bibliothèque de Babel*. Mais parce que, tenté de retourner la lecture souvent faite d'après laquelle cette œuvre, perdant de ses qualités narratives sous l'insistance du discours de savoir, se dissoudrait en tant que roman, on peut se demander si le savoir n'y apparaît pas, sous l'emprise de la narration, plus incertain en sa consistance et son être discursifs qu'on ne le dit en général.

*

* Résumant les analyses d'un travail en cours, ce texte a servi de support à la communication prononcée sous le titre : « Discours de savoir et discours narratif dans *Bouvard et Pécuchet,* une étrange greffe ».

1. Il s'agit donc de la « première partie » de *Bouvard et Pécuchet,* c'est-à-dire du texte achevé par Flaubert, traditionnellement accompagné de l'« extrait du plan, trouvé dans ses papiers, et qui indique la conclusion de l'ouvrage ». Tel que le garantit de façon quasi définitive (après le travail critique déjà considérable d'A. Cento, Nizet, Napoli-Paris, 1964) la récente édition de C. Gothot-Mersch, « Folio », Gallimard, Paris, 1979, à laquelle renvoient ici toutes les références de pagination, données entre parenthèses.

2. Dans son *Commentaire de « Bouvard et Pécuchet »,* achevé et publié après sa mort par L. Caminiti Pennarola, Liguori, Napoli, 1973, A. Cento ne mentionne que trois cas de manuels ou de publications référés comme tels dans le roman et n'existant pas en réalité : le « feuilleton intitulé *De l'enseignement de la géologie* » (p. 153) ; « la mnémotechnie de Dumouchel » (p. 189) ; l'« *Examen du Christianisme* par Louis Hervieu, ancien élève de l'École normale » (p. 341).

On trouve dans *Bouvard et Pécuchet* quelques cas très nets de répartition des énoncés de savoir entre les différentes sources : manuels, personnages, narrateur. Où, selon les catégories établies par G. Genette dans *Discours du récit* (3), on parvient sans peine à apprécier quant au « Mode » la distance de la parole au discours qui l'effectue, et attribuer l'origine quant à la « Voix ».

Toujours pris au niveau d'un récit premier où il ne joue aucun rôle d'acteur, le narrateur, de type « extra diégétique-hétérodiégétique » (4), introduit parfois du savoir dans ce récit. D'abord lorsque son instance annexe des éléments de savoir à une séquence racontant le cheminement des héros dans une nouvelle science : ainsi de l'anatomie, à propos du « squelette » (p. 118). Tout se passe comme si Bouvard et Pécuchet visitaient un lieu inconnu, qui serait décrit au lecteur par l'inventaire de ses constituants ; tandis que le savoir, sous forme de noms, devient objet de narration (5). Cela peut aller jusqu'à la pure nomenclature d'objets, sorte d'écho déformé des classifications de manuel, dont deux occurrences sont attribuables au narrateur : celle des fruits perdus, après la tornade qui s'est abattue sur le verger (p. 98) ; et celle des composants du cerveau (p. 121), où l'énumération de termes savants sature un paragraphe entier. L'appropriation du savoir s'effectue différemment quand, par le jeu du style indirect libre, l'ombre portée du narrateur sur le discours savant s'interpose entre sa source et ses destinataires. Soit la réponse écrite de l'archéologue Larsonneur aux deux héros (p. 144), dont la parole professorale, ainsi filtrée et distancée, paraît en partie confisquée par le narrateur. Mais, par ailleurs, cette transposition rend possible la confusion du discours de ce dernier avec celui des personnages (6) — et l'on sort alors du cadre de cette première étape.

Ceux-ci, de leur côté, par certaines discussions argumentées, rapportées au discours direct avec guillemets, assurent l'échange et la circulation du savoir, selon la norme d'une diégèse réaliste. Tels, au chapitre VIII, les passages du débat philosophique des héros (pp. 300 à 309) ; ou la tentative d'explication de « la philosophie hégélienne » par Pécuchet à Bouvard (p. 314) ; et, au chapitre IX, leurs affrontements réitérés avec l'abbé Jeufroy sur la religion chrétienne (pp. 342 à 357). Mais aussi la réfutation des manuels d'arboriculture menée par Pécuchet (p. 99). Enfin deux résumés de lecture, mentionnés comme «note» et «analyse» par le discours narratif, sont cités directement avec guillemets : l'un de Bouvard à propos de la critique esthétique (p. 221) ; l'autre de Pécuchet

---

3. Précisément aux chapitres 4 et 5 de cet « essai de méthode », publié in *Figures III,* Seuil, Paris, 1972. Je rappelle que dans le « Mode », à propos du « récit de paroles », G. Genette distingue trois états possibles du discours : « *narrativisé ou raconté* » ; « *transposé,* au style indirect » ; « *rapporté* » (pp. 191 et 192).

4. *Ibid.,* pp. 255 et 256.

5. Une semblable intégration du savoir à des séquences narratives se retrouve, dans le chapitre X, au cours de la tentative pédagogique des héros auprès de Victor et Victorine, particulièrement pp. 379 à 381. Enfin une utilisation identique est faite de deux ouvrages célèbres de Buffon et Bernardin de Saint-Pierre (pp. 139-140).

6. Voir, sur ce point, G. Genette, *op. cit.,* p. 191 et sq., mais surtout la communication de C. Perruchot : « *Le style indirect libre et la question du sujet dans* « *Madame Bovary* », faite au colloque de Cerisy sur *la production du sens chez Flaubert,* « 10/18 », U.G.E., Paris, 1975.

sur *le Contrat social* (p. 252). Ces deux fragments reproduisent en partie le ton et la diction d'un manuel, de sorte que les héros entrent ici (de l'écrit à l'oral) dans un rapport mimétique avec le médium premier du savoir qu'est évidemment le livre.

Ce dernier, à son tour, directement cité, parle lui-même dans certaines pages de l'œuvre. D'abord sous la forme du manuel proprement dit, ainsi l'« *Examen du Christianisme* par Louis Hervieu » (nommé p. 341 ; mais voir supra, note 2), dont Bouvard fait lire un passage à Pécuchet (pp. 357-358). Apparaît ensuite le discours professoral, en un type d'écrit équivalent, que représente la lettre citée avec guillemets : celle de l'« ami de Dumouchel » répondant aux questions des héros sur « la théorie du droit divin » (pp. 251-252) ; ou bien celle de Dumouchel lui-même (pp. 191-192) sur l'état présent de la science historique, qui redouble sa nature citationnelle et l'imitation du manuel en tant qu'espace de renvoi, par l'adjonction « en post-scriptum des règles de critique, prises dans le cours de Daunou ».

Le savoir est motif privilégié d'écriture dans *Bouvard et Pécuchet,* parce que principal matériau romanesque. En contraste avec l'évidente tendance répétitive du roman, se déroulant comme une traversée de bibliothèques successives, on constate une variation poussée de ses modes d'apparition, due aux dédoublements internes des truchements qui l'introduisent dans le récit. Explorant ainsi complètement les possibilités vraisemblables de son univers diégétique, le texte dispose les énoncés de savoir selon l'effet d'une forte *dispersion élocutoire*. En même temps que transparaissent déjà dans le discours divers états mimés du livre.

Il reste que ce degré de nette assignation énonciative du savoir (dont j'ai pratiquement mentionné tous les cas), qui aurait pu établir la norme de l'œuvre, n'en constitue que l'exception. Une exception contredite quantitativement et déconstruite qualitativement par le dispositif général de l'énonciation, où se propage le plus souvent une indistinction d'origine, quant à l'implantation du discours de savoir dans la trame textuelle.

II

Sans m'attacher à diverses manifestations intermédiaires du trouble énonciatif (7), j'examine d'emblée le cas le plus fréquent et intense,

---

7. Soit la présence du style indirect libre oblitérant l'attribution nette de nomenclatures entre personnages et narrateur, ainsi le paragraphe sur la « Bouvarine » (p. 113), où la succession des comparants appliqués aux ingrédients de la crème rêvée par les héros est autant assignable au narrateur qu'à ceux-ci ; et l'évocation de cas physiologiquement monstrueux (p. 121). Ou bien, son intrusion espacée dans le discours narratif qui nous décrit les héros hantés par « la métaphysique » (p. 310). Soit, dans un autre registre, la disparition des guillemets accusant la perte discursive de la voix propre d'un personnage, en contradiction avec le vraisemblable diégétique apparent : Pécuchet initiant Bouvard selon « le *Guide du magnétiseur* par Montacabère » (p. 280); Pécuchet censé lire « tout haut » une notice historique sur «Notre Dame de la Délivrande » (pp. 333-334) ; Bouvard disputant avec l'abbé Jeufroy, à partir de sa « note sur les contradictions de la Bible » (p. 348) – trois cas d'autant plus troublants qu'à chaque fois le discours prend un tour impersonnel proche de celui du manuel, tandis que l'interlocuteur répond (ou le même locuteur poursuit) au style direct avec guillemets.

où l'indétermination de l'origine, renforcée par l'obliquité ou la disparition des indicateurs de locution, se fonde sur l'absence des guillemets.

Signe typographique de l'apparition d'une parole dans sa présence
propre, les guillemets indiquent aussi le prélèvement d'un fragment de
voix par une autre. Abouchant, encore, deux discours hétérogènes dont
ils ajointent les coupures sur la page, ils re-marquent une sorte de greffe
textuelle dont la trace reste visible. Et tandis qu'ainsi deux voix sont
préservées dans leur identité et que restent démarqués les espaces discursifs où elles parlent, ils empêchent de confondre l'accueillant avec
l'accueilli, le cadre avec l'encadré. Par quoi, en outre, peuvent être affi-
chés, ou valorisés en tout sens, des fétiches de discours sur fond de
discours.

Dès lors on découvre dans le texte l'expansion d'une parole de
savoir sur un mode surprenant, puisque n'étant pas, à l'évidence, trans-
posée dans le discours narratif, elle n'y est pas davantage rapportée
comme telle par citation. Confondant des voix repérables, elle disperse
à travers sa diction directe sans guillemets les possibilités de leur assignation, par ambivalence ou réversion.

Ainsi, deux paragraphes se détachent brusquement de deux autres,
purement narratifs, qui les précèdent :

> Une autre fois, Bouvard depuis le potage jusqu'au fromage, parla des élé-
> ments nourriciers, et ahurit les deux petits [Victor et Victorine] sous la fi-
> brine, la caséine, la graisse et le gluten.
> Ensuite, Pécuchet voulut leur expliquer comment le sang se renouvelle, et
> il pataugea dans la circulation.
> Le dilemme n'est point commode ; si l'on part des faits, le plus simple
> exige des raisons trop compliquées, et en posant d'abord les principes, on
> commence par l'Absolu, la Foi.
> Que résoudre ? combiner les deux enseignements, le rationnel et l'empiri-
> que ; mais un double moyen vers un seul but est l'inverse de la méthode ?
> Ah ! tant pis ! (p. 383).

Il pourrait sembler ici que la pensée « intérieure » des personnages,
impliquée par la situation diégétique, se met à parler d'elle-même ; que,
s'extériorisant brutalement, elle se fait consubstantielle au discours, qui
loin de la transposer n'a même plus à la rapporter. Et l'on serait tenté
d'y lire une bribe de « discours immédiat » (8) des personnages, s'il
n'apparaissait en même temps que cette réflexion — au moins pour son
premier paragraphe — est tout aussi vraisemblablement attribuable au
narrateur (9).

Tel autre passage amplifie cette diffraction de l'énonciation entre
personnages et narrateur :

---

8. Où, selon la distinction avec le style indirect libre établie par G.Genette,
« le narrateur s'efface et le personnage se *substitue* à lui », op.cit., p. 194.

9. La même ambivalence d'origine se retrouve liée à d'autres réflexions de
savoir énoncées comme problématiques, sous la même forme de discours direct sans
guillemets. En des fragments brefs : sur « la nutrition » (p.127) et l'incertitude du
« style d'un monument » (p.166) ; ou longs : sur « des points curieux » d'érudition
historique (p. 168), « la Révolution » (pp. 187-188), la « vieille critique » et « la
nouvelle » (pp. 215-216), les « réflexions » à partir du spiritisme (p. 292).

Ils se consultaient mutuellement, ouvraient un livre, passaient à un autre, puis ne savaient que résoudre devant la divergence des opinions.

Ainsi, pour la marne, Puvis la recommande ; le manuel Roret la combat. Quant au plâtre, malgré l'exemple de Franklin, Rieffel et M. Rigaud n'en paraissent pas enthousiasmés.

Les jachères, selon Bouvard, étaient un préjugé gothique. Cependant, Leclerc note les cas où elles sont presque indispensables. Gasparin cite un Lyonnais qui pendant un demi-siècle a cultivé des céréales sur le même champ ; cela renverse la théorie des assolements. Tull exalte les labours au préjudice des engrais ; et voilà le major Beatson qui supprime les engrais, avec les labours ! (pp. 87-88).

Après le paragraphe narratif, apparaît, à travers le hiatus du discours, la difficulté d'attribuer l'exposé de cette « divergence » des manuels d'agriculture à l'une ou l'autre voix : conversation des personnages entre eux ? Commentaire mené par le narrateur ? Ou même, pour un temps, fort peu réaliste mixage des deux, comme le suggère presque le contraste de l'intrusion du style indirect : « Les jachères, selon Bouvard, étaient ... » avec le retour du présent : « Cependant, Leclerc note ... » ? D'autant que ce fragment surimprime à l'improbabilité de la voix le ton du manuel, par le moyen de ces présents intemporels propres au discours savant ; et qu'il se referme sur un point d'exclamation soulignant, contre l'absence des guillemets, une présence de la parole dans l'estompe de son origine.

D'autres pages démultiplient en superposition de registres l'impossibilité d'assigner des voix. Tel le résumé du « Fouriérisme » qui, séparé par une douzaine de lignes d'un ouvrage précisément nommé : « *Examen du socialisme,* par Morant », suppose, dans leur co-possibilité, tout autant la voix du narrateur que celles du manuel ou des personnages. De plus son troisième paragraphe, après l'apparence narrative d'une assignation restreinte à Bouvard, relance l'indistinction entre la pensée possible de ce dernier et « les rêves du monde harmonien », sans que l'on sache mieux, avec le retour final du présent, qui exactement décrit ce futur utopique :

Et ils abordèrent le Fouriérisme.

Tous les malheurs viennent de la contrainte. Que l'Attraction soit libre, et l'Harmonie s'établira.

Notre âme enferme douze passions principales, cinq égoïstes, quatre animiques, trois distributives. Elles tendent, les premières à l'individu, les suivantes aux groupes, les dernières aux groupes de groupes, ou séries, dont l'ensemble est la Phalange, société de dix-huit cents personnes, habitant un palais. Chaque matin, des voitures emmènent les travailleurs dans la campagne, et les ramènent le soir. On porte des étendards, on donne des fêtes, on mange des gâteaux. Toute femme, si elle y tient, possède trois hommes, le mari, l'amant et le géniteur. Pour les célibataires, le Bayadérisme est institué.

— « Ça me va !» dit Bouvard ; et il se perdit dans les rêves du monde harmonien.

Par la restauration des climatures la terre deviendra plus belle, par le croisement des races la vie humaine plus longue. On dirigera les nuages comme on fait maintenant de la foudre, il pleuvra la nuit sur les villes pour les nettoyer. Des navires traverseront les mers polaires dégelées sous les aurores boréales — car tout se produit par la conjonction des deux fluides mâle et femelle, jaillis-

III

Pour approcher cette dépropriation, j'analyse d'abord le cas de quelques occurrences mixtes où l'on rencontre une combinaison de la diction intemporelle de savoir avec l'emploi intermittent des guillemets. Telle celle-ci :

— et ils passèrent au chapitre deuxième : des facultés de l'âme.

On en compte trois, pas davantage ! Celle de sentir, celle de connaître, celle de vouloir.

Dans la faculté de sentir distinguons la sensibilité physique de la sensibilité morale.

Les sensations physiques se classent naturellement en cinq espèces, étant amenées par les organes des sens.

Les faits de la sensibilité morale, au contraire, ne doivent rien au corps. — « Qu'y a-t-il de commun entre le plaisir d'Archimède trouvant les lois de la pesanteur et la volupté immonde d'Apicius dévorant une hure de sanglier!»

Cette sensibilité morale a quatre genres ; — et son deuxième genre « désirs moraux » se divise en cinq espèces, et les phénomènes du quatrième genre « affections » se subdivisent en deux autres espèces, parmi lesquelles l'amour de soi « penchant légitime, sans doute, mais qui devenu exagéré prend le nom d'égoïsme ».

Dans la faculté de connaître, se trouve l'aperception rationnelle, où l'on trouve deux mouvements principaux et quatre degrés.

L'Abstraction peut offrir des écueils aux intelligences bizarres.

La mémoire fait correspondre avec le passé comme la prévoyance avec l'avenir.

L'imagination est plutôt une faculté particulière, *sui generis*. (pp. 305-306)

Outre l'indistinction d'origine, renforcée par le second syntagme « pas davantage !», qui superpose à l'apparente provenance du manuel (indiqué deux pages plus haut comme « *le Cours de Philosophie à l'usage des classes,* par Monsieur Guesnier ») la possibilité d'une réflexion du narrateur et/ou des personnages, l'énoncé de savoir exhibe une division entre la parole du manuel transcrite, çà et là, comme telle, et ce discours indécis se diffusant dans la page, dont l'indicatif présent désigne pourtant la vocation universelle d'affirmation savante. Cependant que la fonction de différenciation des guillemets ne joue plus que d'un côté : si l'on sait, dans la fiction, d'où viennent les menus fragments accueillis, on ne peut dire qui tient le discours d'accueil.

De plus, s'agissant ici et dans tous les autres exemples (12) de morceaux brefs de citations espacées, si l'on considère une autre fonction des guillemets — celle de mise en valeur au sens large (13), l'incertitude

---

12. A travers des façons diverses d'amalgamer ces minimes citations avec le discours narratif simple ou l'indirect libre, et cette diction intemporelle, cf. : le fragment d'après « le cours de Regnault » sur la chimie (p. 116) ; celui de l'hygiène alimentaire à partir du manuel du « docteur Morin » (p. 135) ; celui qui suit la mention du « *Guide du voyageur géologue* par Boné » (pp. 147-148) ; et deux autres, rapprochés, comportant citations d'auteurs nommés : à propos de « l'archéologie celtique » (pp. 175-176), et du « celticisme de la Normandie » (pp. 178-179).

13. R. Barthes voit en eux un « morphème de valeur », écrivant à propos du texte général de G. Bataille : « le guillemet sert à encadrer le code (à dénaturaliser, à démystifier le mot)», in *Les sorties du texte,* « colloque de Cerisy sur Bataille », 10/18, U.G.E., Paris, 1973, p. 60. Dans la même perspective, on peut consulter les pages 40 à 42 du livre d'A. Compagnon : *La seconde main, ou le travail de la citation,* Seuil, Paris, 1979.

s'étend de la production à la connotation de ceux-ci. Est-ce là, par delà l'évocation de savoir, soulignement, avertissement d'une indexation insistante, ou bien suspicion, protestation, ironie ? Et venant du narrateur, des personnages, ou de l'un et des autres confondus ?

On trouve encore ces prélèvements fétiches de la parole citée du manuel, enchâssés dans un discours narratif liminaire qui disparaît progressivement comme tel, en imitant la diction d'un livre dont il devient le sommaire, le résumé, puis, apparemment, le discours même :

> Heureusement qu'ils trouvèrent dans leur bibliothèque l'ouvrage de Boitard, intitulé *L'Architecte des Jardins*.
> L'auteur les divise en une infinité de genres. Il y a, d'abord, le genre mélancolique et romantique, qui se signale par des immortelles, des ruines, des tombeaux, et « un ex-voto à la Vierge, indiquant la place où un seigneur est tombé sous le fer d'un assassin » ; on compose le genre terrible avec des rocs suspendus, des arbres fracassés, des cabanes incendiées, le genre exotique en plantant des cierges du Pérou « pour faire naître des souvenirs à un colon ou à un voyageur ». Le genre grave doit offrir, comme Ermenonville, un temple à la philosophie. Les obélisques et les arcs de triomphe caractérisent le genre majestueux, de la mousse et des grottes le genre mystérieux, un lac le genre rêveur. Il y a même le genre fantastique, dont le plus beau spécimen se voyait naguère dans un jardin wurtembergeois — car, on y rencontrait successivement, un sanglier, un ermite, plusieurs sépulcres, et une barque se détachant d'elle-même du rivage, pour vous conduire dans un boudoir, où des jets d'eau vous inondaient, quand on se posait sur le sopha. (p. 100)

Ainsi tandis qu'apparaît le présent intemporel, en cette énonciation qui va se désoriginant, le manuel semble parler peu à peu de lui-même et seul — jusqu'à inclure l'ordinaire adresse indéterminée au lecteur éventuel, marquée par le « vous ». Mais, d'une insolite manière : hors de toute citation dénotant dans la page la présence de sa parole même ; et, ce faisant, dans la plus forte contradiction, rendue manifeste, avec le précédent emploi des guillemets.

A travers ces battements d'apparition et disparition de la citation directe, on lit une étrange reproduction du discours de savoir : là semble parler indéniablement quelque chose du manuel, qui n'est pourtant pas lui-même hors de la présence à soi de sa parole qu'attestent, fort espacée, les guillemets. En cette distance intérieure au discours, la plus intime identité à soi s'éloigne d'elle-même, dans la proximité de sa propre ressemblance. L'effacement, avec sa marque, de la parole énoncée directement, rejoint celui d'un sujet énonciateur centré et assignable.

Alors que se laisse entendre, textuellement, la diction du manuel, une sorte de débordement discursif de celui-ci serait ainsi mise en page ? Rompant les écluses typographiques des guillemets, le savoir s'emparerait du discours de l'œuvre, envahissant son espace par delà les fragments rapportés du manuel ? Mais selon la présence de quelle voix ?

Il est impossible, justement, d'affirmer cela face à l'équivocité des énoncés de savoir sous la forme, très fréquente, de ce discours direct, qu'il faut aussi qualifier de *libre*. Libre, précisément, des guillemets indicateurs de présence, et de toute assignation d'origine distincte. Plus profondément, affirmer cela reviendrait à décider d'un indécidable, discursivement insituable, qu'aucun sujet, qu'aucune voix ne peuvent revendiquer et autoriser dans le texte, selon la propriété d'une présence désignable.

Deux remarques s'imposent ici. La première est que, par le jeu massif de l'énonciation du savoir dans *Bouvard et Pécuchet,* un écart fondamental se creuse entre la diégèse et le discours de l'œuvre. Soit, au sens de G. Genette, entre, d'un côté : « *l'histoire* [,] le signifié ou contenu narratif », de l'autre : le « *récit* proprement dit [,] le signifiant, énoncé, discours ou texte narratif » et la « *narration* [,] l'acte narratif producteur » (14). Autrement dit : entre l'origine diégétique du savoir, rapportée à un livre, un manuel, une lettre, un cours, une notice, etc., par quoi le vraisemblable réaliste est évidemment préservé ; et son origine narrative, le plus souvent inassignable à quelque sujet unaire de l'énonciation, par quoi cet indécidable se propage dans le roman. Si bien que, intégré de la sorte au texte de ce dernier, le savoir garde l'apparence diégétique de l'antérieur, mais perd, discursivement, toute qualité originaire. Il convient alors — deuxième remarque — pour les très nombreux cas de ce *discours direct libre,* d'éliminer l'ambiguïté de l'expression « discours de savoir » en ne conservant que le sens objectif du génitif, et de dire qu'il y a là un discours, fort incertain dans son être textuel, portant messages de savoir.

En fait, redoublant au cœur de l'écriture le précédent clivage, un écartement intervient à même le discours de l'œuvre : en de tels fragments, le discours, qui n'est pas narratif, n'est plus proprement de savoir, au sens subjectif du génitif. Et les quelques « cas mixtes » examinés nous donnent à lire, en y participant pour une part, la mise en place (procès et « progress ») de cet espacement intérieur : par la vibration d'appropriation/désappropriation que l'intermittence des guillemets impose au discours, ils exposent ce dernier au dédoublement de lui-même.

Pour approfondir, par delà les « cas mixtes », cet effet où, sous la forme du discours direct libre, les deux types de parole ordinairement différenciés — et qui le sont, pour quelques occurrences, dans ce roman lui-même — perdent leur délimitation, je prends un exemple dans l'épisode géologique :

> Cet ouvrage de la nature les étonna ; et ils s'élevèrent à des considérations sur l'origine du monde.
> Bouvard penchait vers le neptunisme. Pécuchet au contraire était plutonien. Le feu central avait brisé la croûte du globe, soulevé les terrains, fait des crevasses. C'est comme une mer intérieure ayant son flux et reflux, ses tempêtes. Une mince pellicule nous en sépare. On ne dormirait pas si l'on songeait à tout ce qu'il y a sous nos talons.— Cependant le feu central diminue, et le soleil s'affaiblit, si bien que la Terre un jour périra de refroidissement. Elle deviendra stérile ; tout le bois et toute la houille se seront convertis en acide carbonique — et aucun être ne pourra subsister.
> — « Nous n'y sommes pas encore » dit Bouvard.
> —« Espérons-le !» reprit Pécuchet. (pp. 150-151)

---

14. *Op. cit.,* p. 72.

Je n'insisterai pas sur la cassure de la continuité narrative, le brusque surgissement du dialogue final, ni sur l'indistinction de l'origine énonciative, accentuée par la discordance du plus-que-parfait initial avec les présents et futurs qui s'y enchaînent en un seul paragraphe compact. Mais sur ceci : en ce message de savoir, derrière la diction du manuel, il n'y a pas de manuel ou livre transporté comme tel, par citation, avec sa parole, dans le discours narratif ; ni de discours narratif qui, tout en restant lui-même avec sa voix propre, se ferait cadre, écrin ou panneau d'affichage d'une voix du savoir s'y déposant, y étant citée.

Autrement dit, au-delà des deux discours conventionnels, s'est frayé dans le texte le passage vers un ailleurs. Par delà discours narratif et discours de savoir rapporté (que l'on peut prendre dans leur acception la plus large : discours de la fable, *muthos* ; et discours de la science et de la vérité, *logos*) s'ouvre un espace discursif altéré. Où parle, semble-t-il, à leur place une sorte de double, n'étant spécifiquement ni l'un ni l'autre, fruit d'une greffe étrange qui disparaît, avec ses marques, derrière son produit. Celle-ci représente l'actualisation textuelle d'une force que je nomme d'un mot ancien, la parodie, en insistant sur le sens littéral de son étymologie.

A consulter Bloch et Wartburg : « Emp. du grec *parôidia*, littéral. « chant à côté », c'est-à-dire « qui imite » (15), il semble bien qu'ici en est réalisée la stricte définition. Par-odie, restituée dans toute sa puissance d'inquiétante subversion par l'apparition de ce *discours à côté,* qui, jouxtant les deux autres, simule les voix qui leur sont associées : celle du manuel aussi bien que celle du narrateur ou des personnages narrés. *Parodie impersonnelle,* puisque fondée sur la disparition de toute voix propre et identifiable. Alors s'inscrit dans le roman le motif brouillé d'une étonnante confusion entre discours narratif et discours de savoir, sous l'apparence d'une imitation du second par le premier où l'un et l'autre risquent de se perdre.

Mais, pour revenir une dernière fois sur les quelques « cas mixtes», on voit que s'affichent en eux, simultanément, un trouble de la représentation et la représentation de ce trouble. Je dirai que, figurant un état transitoire de la subversion engagée par l'écriture flaubertienne dans *Bouvard et Pécuchet,* ils nous font assister à la naissance de la parodie. Sans qu'aucun d'eux ne puisse se prévaloir d'une quelconque valeur originelle à ce propos, alors qu'ils œuvrent, avec bien d'autres énoncés de savoir, à l'effacement de toute origine. Aussi ne paraît pas usurpée ici — mais simplement à transposer dans le domaine de la mimésis narrative — l'annonce de Nietzsche : « Quelque chose d'essentiellement sinistre et méchant se prépare : *Incipit parodia,* cela ne fait aucun doute » (16).

D'autant que tous les énoncés-messages de savoir au discours direct libre, indistincts en leur origine narrative, indécis dans leur être textuel, se trouvent indéterminés quant à leur adresse. Car s'ils sont mis en rapport évident pendant toute la diégèse avec les héros qui essaient

15. *Dictionnaire étymologique de la langue française,* P.U.F., Paris, 1950, sub verbo.

16. *Le gai savoir,* Avant-propos de la deuxième édition, traduction P. Klossowski, Gallimard, Paris, 1967, p. 14.

de les vérifier ou de les opérer dans le réel raconté, ils restent souvent en simple contiguïté avec eux dans le texte narratif. Si bien que le trouble représentatif qu'ils engendrent atteint aussi le plan même de l'allocution, puisque, du point de vue discursif, ils ne s'adressent à personne en particulier, et donc à tout le monde indistinctement : personnages, narrateur, lecteur éventuel ou « narrataire » (17). Ainsi, face à un autre exemple de ces messages, toujours suspendu dans l'interstice de voix assignables, on se demandera quel est exactement le destinataire du paragraphe central, par delà sa juxtaposition entre un manuel et les héros :

> Sa lumière boréale les inquiétait cependant ; ils la cherchèrent dans le manuel de d'Orbigny.
> C'est une hypothèse, pour expliquer comment les végétaux fossiles de la baie de Baffin ressemblent aux plantes équatoriales. On suppose, à la place du soleil, un grand foyer lumineux, maintenant disparu, et dont les aurores boréales ne sont peut-être que les vestiges.
> Puis un doute leur vint sur la provenance de l'Homme ; — et embarrassés, ils songèrent à Vaucorbeil. (p. 158)

*

Pris en la forme parodique impersonnelle de ce discours direct libre à côté, ces messages de savoir répondent à l'avance, par la duplicité de leur présence même, à une question posée naguère à la modernité littéraire par R. Barthes : « Que pourrait être une parodie qui ne s'afficherait pas comme telle ?» (18). Et, surtout, ils répètent tous cette manière de simulation entre discours narratif et discours de savoir où, en l'éclipse de chacun d'eux, un état intermédiaire de langage vient, à côté d'eux, emplir un temps l'espace textuel de sa version indéfinie.

---

17. Le fait que le narrateur de *Bouvard et Pécuchet* soit du type « extradiégétique » rend possible la confusion entre narrataire et lecteur virtuel, et leur identification avec le lecteur réel. Voir, sur ce point, G. Genette, *op.cit.*, pp.265 et 266.

18. « Déclaré par le discours lui-même, le code ironique est en principe une citation explicite d'autrui ; mais l'ironie joue le rôle d'une affiche et par là détruit la multivalence qu'on pouvait espérer d'un discours citationnel. Un texte multivalent n'accomplit jusqu'au bout sa duplicité constitutive que s'il subvertit l'opposition du vrai et du faux, s'il n'attribue pas ses énoncés (même dans l'intention de les discréditer) à des autorités explicites, s'il déjoue tout respect de l'origine, de la paternité, de la propriété, s'il détruit la voix qui pourrait donner au texte son unité (« organique »), en un mot s'il abolit impitoyablement, frauduleusement, les guillemets qui, dit-on, doivent *en toute honnêteté* entourer une citation et distribuer juridiquement la possession des phrases, selon leurs propriétaires respectifs, comme les parcelles d'un champ. [...] Menée au nom d'un sujet qui met son imaginaire dans la distance qu'il feint de prendre vis-à-vis du langage des autres, et se constitue par là d'autant plus sûrement sujet du discours, la parodie, qui est en quelque sorte l'ironie au travail, est toujours une parole *classique*. Que pourrait être une parodie qui ne s'afficherait pas comme telle ? C'est le problème posé à l'écriture moderne : comment forcer le mur de l'énonciation, le mur de l'origine, le mur de la propriété ?», in *S/Z*, Seuil, Paris, 1970, pp. 51 et 52. Répondant à ces questions en de tels passages, le texte flaubertien réalise cette « multivalence ». Je conserve néanmoins le terme de parodie pour qualifier ces derniers, quitte à y ajouter celui d'impersonnelle, parce que seul m'importe le sens étymologique, accordé aux effets qui en découlent dans le roman et sont indépendants, eux, de toute manifestation d'ironie « classique », liée à la présence et la voix assignables d'un sujet.

Voici, à propos du spiritisme :

— . et [Petit, l'instituteur] se déclarant spiritiste, il indiqua plusieurs ouvrages, défectueux sans aucun doute, mais qui étaient le signe d'une aurore.

Ils se les firent envoyer.

Le spiritisme pose en dogme l'amélioration fatale de notre espèce. La terre un jour deviendra le ciel ; et c'est pourquoi cette doctrine charmait l'instituteur. Sans être catholique, elle se réclame de saint Augustin et de saint Louis. Allan-Kardec publie même des fragments dictés par eux et qui sont au niveau des opinions contemporaines. Elle est pratique, bienfaisante, et nous révèle, comme le télescope, les mondes supérieurs.

Les Esprits, après la mort et dans l'Extase, y sont transportés. Mais quelquefois ils descendent sur notre globe, où ils font craquer les meubles, se mêlent à nos divertissements, goûtent les beautés de la Nature et les plaisirs des Arts.

Cependant, plusieurs d'entre nous possèdent une trompe aromale, c'est-à-dire derrière le crâne un long tuyau qui monte depuis les cheveux jusqu'aux planètes et nous permet de converser avec les esprits de Saturne ; — les choses intangibles n'en sont pas moins réelles, et de la terre aux astres, des astres à la terre, c'est un va-et-vient, une transmission, un échange continu.

Alors le cœur de Pécuchet se gonfla d'aspirations désordonnées—et quand la nuit était venue, Bouvard le surprenait à sa fenêtre contemplant ces espaces lumineux, qui sont peuplés d'esprits. (pp. 290-291)

L'introduction fort oblique : « Ils se les firent envoyer » préserve un minimum de vraisemblance. Puis, au prix d'une brève intrusion narrative : « et c'est pourquoi cette doctrine charmait l'instituteur », le premier paragraphe accroît l'indistinction des voix (héros, narrateur, instituteur), en même temps que le discours produit se confond, jusqu'à la fin, avec celui d'un ou plusieurs manuels.

Soit encore à propos de « l'esthétique » :

— « Je comprends » dit Bouvard « le Beau est le Beau, et le Sublime le très Beau.»

Comment les distinguer ?

— « Au moyen du tact » répondit Pécuchet.

— « Et le tact, d'où vient-il ? »

— « Du goût !»

— « Qu'est-ce que le goût ?»

On le définit un discernement spécial, un jugement rapide, l'avantage de distinguer certains rapports.

— « Enfin le goût c'est le goût, — et tout cela ne dit pas la manière d'en avoir.»

Il faut observer les bienséances ; mais les bienséances varient ; — et si parfaite que soit une œuvre, elle ne sera pas toujours irréprochable. — Il y a, pourtant, un Beau indestructible, et dont nous ignorons les lois, car sa genèse est mystérieuse.

Puisqu'une idée ne peut se traduire par toutes les formes, nous devons reconnaître des limites entre les Arts, et dans chacun des Arts plusieurs genres. Mais des combinaisons surgissent où le style de l'un entrera dans l'autre sous peine de dévier du but, de ne pas être vrai.

L'application trop exacte du Vrai nuit à la Beauté, et la préoccupation de la Beauté empêche le Vrai. Cependant, sans idéal pas de Vrai ; — c'est pourquoi les types sont d'une réalité plus continue que les portraits. L'Art, d'ailleurs, ne traite que la vraisemblance — mais la vraisemblance dépend de qui l'observe, est une chose relative, passagère.

Ils se perdaient ainsi dans les raisonnements. (p. 220)

Disparaissent les guillemets qui encadraient les répliques des personnages dialoguant entre eux (mais aussi, déjà bien étrangement, répondant (?) à deux lignes de discours direct libre mimant une bribe de manuel : « On le définit un discernement »...etc.). Pour livrer les trois derniers paragraphes aux possibilités de réversion de la parole et de son espace. Un long fragment est offert dont aucune instance — personnages, narrateur, manuel — ne saurait prétendre à la paternité. Tandis qu'une très intense imitation du manuel, combinant règles, raisonnements, discussions et avertissements, s'empare de l'énoncé. Lequel devient ainsi le miroir d'une sorte d'anamorphose continûment bivalente, et réfléchit tout autant l'image d'un discours de savoir exposant ces problèmes esthétiques, que celle d'une description de la démarche intellectuelle des héros narrant leurs difficultés à travers ceux-ci. D'autant que dans la dernière phrase, où le discours narratif réapproprie manifestement sa voix en réintégrant son espace : « Ils se perdaient ainsi dans les raisonnements », l'adverbe « ainsi » ancre définitivement l'indécidable. Car il peut aussi désigner ce discours à côté, en ce qu'il a justement d'indésignable autrement que par l'emploi d'un déictique, équivalent langagier d'un simple geste indicatif (et muet) dans la réalité.

Voici, enfin, un fragment porteur de savoir caractériologique ; quasiment absolu, il surgit abruptement, après deux paragraphes, d'une brèche narrative :

> Ils ne doutèrent plus d'eux-mêmes, et appelant les deux élèves recommencèrent l'analyse de leur boîte osseuse.
>
> Celle de Victorine était généralement unie, marque de pondération — mais son frère avait un crâne déplorable ! une éminence très forte dans l'angle mastoïdien des pariétaux indiquait l'organe de la destruction, du meurtre ; — et plus bas, un renflement était le signe de la convoitise, du vol. Bouvard et Pécuchet en furent attristés pendant huit jours.
>
> Il faudrait comprendre le sens des mots ; ce qu'on appelle la combativité implique le dédain de la mort. S'il fait des homicides, il peut de même produire des sauvetages. L'acquisivité englobe le tact des filous et l'ardeur des commerçants. L'irrévérence est parallèle à l'esprit de critique, la ruse à la circonspection. Toujours un instinct se dédouble en deux parties, une mauvaise, une bonne ; on détruira la seconde en cultivant la première ; et par cette méthode, un enfant audacieux, loin d'être un bandit deviendra un général. Le lâche n'aura seulement que de la prudence, l'avare de l'économie, le prodigue de la générosité. (p. 376)

Malgré l'étonnant « il faudrait » initial, insinuant une possibilité de style indirect rapidement gommée (telle une tentative de liaison logique accusant le hiatus qu'elle cherche à réduire), l'indistinction discursive fait retour dans cette parole inappropriable.

Mais, en outre, comme les nombreux messages de savoir énoncés sur ce mode (dont ces trois derniers exemples concentrent des caractéristiques secondaires diversement accomplies par les autres : longueur, compacité, introduction oblique ou nulle et solution de continuité),

celui-ci entraîne l'imitation du manuel vers une mimique d'écriture, assez sournoise pour déconstituer tout rapport réel et véritable entre modèle et copie, dans le moment précis où elle semble l'établir. Car tous
ces messages laissent à la parodie impersonnelle le champ (et le chant)
libre pour déployer en eux le leurre d'un *écho sans origine*.

A l'écart de toute présence de la parole du manuel attestée comme
telle, ces occurrences proposent de pseudo-références à des modèles,
fragments possibles de manuels, qui n'existent dans le texte que par
l'effet de leur feinte copie, fausse citation. En ce jeu d'écriture, « les
instances du modèle et de la copie ne sont pas abolies », mais déportées
l'une avec l'autre dans un espace neutre (ni de l'une, ni de l'autre) de
langage, où s'échangent et se perdent les attributs de propriété entre
l'original, plausible, et le fac-similé, apparent. De sorte que de telles
scènes de mots ne donnent à lire que l'infinie *capacité du discours
d'imiter du discours,* jusque dans la simulation de l'imitation même.

Soit encore, entre la semblance dédoublée d'un discours narratif
paraissant imiter du discours de savoir et d'un discours de savoir fei-
gnant de souffler la parole au discours narratif pour la donner au manuel pourtant absenté, la mimique en tourniquet d'un discours « entièrement parodique » dont aucune phrase « ne peut être lue littérale-
ment » et d'un discours « entièrement littéral où la parodie ne cesse
d'inventer les termes de son original » supposé (19).

Si bien que, confrontés à de tels fragments, les lecteurs se trouvent
dans une situation très comparable à celle de Bouvard et Pécuchet lisant
l'œuvre de W. Scott : « Sans connaître les modèles, ils trouvaient ces
peintures ressemblantes, et l'illusion était complète » (p. 201). Mais,
bien sûr, dans le roman de Flaubert « les modèles » sont rendus textuellement fictifs et inconnaissables par ce travail de l'écriture ; dont on
voit ici comment, à l'occasion, il met en abyme l'un de ses effets. Plus
exactement : alors que ce passage s'engage, à son tour, dans l'indistinction des voix et l'apparence d'une notice résumant le romanesque de W.
Scott, la phrase conclusive que j'ai prélevée permet de lire, au figuré, une
brève description du pouvoir parodique qui traverse, et constitue en
partie, le texte entier du roman qui la propose. En fait, ce type de méta-
phorisation où le discours semble parler aussi de lui-même, entre reflet
et réflexion, appartient à toute une chaîne de « tautégories » repérables
dans la trame de *Bouvard et Pécuchet* (20).

Je reviens à ces occurrences, où discours narratif et discours de
savoir, devenant étrangers chacun à soi-même par simulation indistincte,
et excédant tout rapport de copie à modèle, sont emportés hors d'eux-

---

19. J'emprunte ici quelques formulations d'un texte que J.-M. Pontévia a
consacré au peintre A. Lestié : *Lestié/Incipit Parodia,* in « Opus International »,
n° 56, Paris, 1975, p. 43. D'où l'emploi des guillemets pour les signaler, malgré la
contagion du texte flaubertien.

20. Je n'en traiterai pas ici, pour éviter d'encombrer cette étude. Je rappelle
simplement la définition de cette figure, donnée par M. Deguy à propos du poème
en général, à partir d'un terme emprunté à Schelling : « Nous ne manquons pas
d'exemples, au moins, pour entrevoir comment le dit du poème est en même temps
tautégorie : manière de se dire aussi à lui-même ce qu'il est, à travers ce qu'il dit
explicitement de ce qui est autre que lui.», *Vers une théorie de la figure généralisée,*
in « Critique », n° 269, Minuit, Paris, octobre 1969, p. 858.

mêmes, en un *métaxu* de langage inassignable, comme pour manifester d'abord cette infinie capacité du discours d'imiter du discours par delà toute représentation. On découvre, ainsi, en elles la perspective d'une *mimésis sans fond* (21) ; et je voudrais les nommer, d'un autre mot ancien, simulacres.

Comme l'a fait J. Derrida à propos d'une œuvre très moderne (22) — mais toutes proportions gardées—, je conserve le mot malgré les inconvénients de son poids historique et conceptuel dans la philosophie occidentale (de Platon à Nietzsche et Klossowski). Pour confirmer en ces fragments de *Bouvard et Pécuchet* l'indéniable qualité de force, que le philosophe attribue au terme et à ce qu'il désigne : « mais c'est surtout le simulacre — il faut entendre que le simulacre est une force — d'une identité sans cesse disloquée, déplacée, renvoyée hors d'elle-même, précisément par l'écriture de force » (23). En exceptant, évidemment, l'expression « sans cesse », car dans le roman de Flaubert la représentation narrative n'est ainsi attaquée en son identité, jouée et déjouée, que selon l'oblique de l'intermittence.

IV

En son apparition périodique, ce simulacre organise la plus intense mise en forme textuelle d'une force qui sollicite toute l'œuvre. On peut maintenant rassembler les composantes différenciées de celle-ci : l'indistinction des voix où s'efface la garantie d'origine ; l'impersonnelle parodie d'un chant à côté qui, défaisant les partages des registres énonciatifs, déconcerte l'entière partition du discours romanesque ; la mimique discursive d'une imitation simulée interdisant toute discrimination entre l'imitant et l'imité. Reste à en apprécier, brièvement, quelques effets en ses divers points d'impact.

a) La Voix et la Représentation.

Ce simulacre entretient un rapport intenable — l'oxymore est nécessaire — avec l'énonciation narrative de *Bouvard et Pécuchet,* puisque,

---

21. On sait que, sous le nom du concept classique de mimésis issu du « platonisme », se déploie, chez Platon même, un système et un réseau complexes, que J. Derrida a remarquablement analysés en divers textes. Sans me contenter de renvoyer globalement, entre autres, à *La pharmacie de Platon,* et aux premières pages de *La double séance* (tous deux repris dans *La Dissémination,* Seuil, Paris, 1972), je cite un extrait de celles-ci, où se dessinent quelques motifs propres, semble-t-il, à prolonger l'enjeu de ce que je tente, ici, de suivre à la trace dans le texte de *Bouvard et Pécuchet* : « S'annonce ainsi une division intérieure de la *mimesis,* une auto-duplication de la répétition même ; à l'infini, puisque ce mouvement entretient sa propre prolifération. Peut-être y a-t-il donc toujours plus qu'une seule *mimesis* ; et peut-être est-ce dans l'étrange miroir qui réfléchit, mais aussi déplace et déforme une *mimesis* dans l'autre, comme si elle avait pour destin de se mimer, de se masquer elle-même, que se loge l'histoire — de la littérature — comme la totalité de son interprétation. Tout s'y jouerait dans les paradoxes du double supplémentaire : de ce qui, s'ajoutant au simple et à l'un, les remplace et les mime, à la fois ressemblant et différent, différent parce que — en tant que — ressemblant, le même et l'autre que ce qu'il double.», p. 217.

22. Il s'agit de *Nombres* de P. Sollers (Seuil, Paris, 1968), objet du texte *La Dissémination,* repris dans l'ouvrage du même nom, déjà cité.

23. *La Dissémination, op. cit.,* p. 362.

toujours, il se tient à la fois dans l'excès et le défaut de celle-ci : toutes les voix repérables peuvent le parler, aucune ne le parle en propre. En sorte qu'il paraît confondre les divers constituants du discours de l'œuvre (narrateur, personnages, manuels), tout en les séparant de leur présence même et d'une véritable présentation de leur parole. Et que l'un de ses plus constants effets est d'irréaliser, le donnant à lire comme fiction dans la fiction, tout ce qui en ce roman semble apparenté à un système ontologique de la Voix fondé sur une continuelle présence à soi de celle-ci, d'après laquelle elle puisse toujours s'identifier et donc s'approprier. Par quoi le texte joue à exposer la vraisemblance de la Voix à tous les faux-semblants de la ressemblance. Ce qui aura contraint le lecteur, dès le début,— que ce dernier le sache ou non — à poser sous rature au discours flaubertien la question même de l'origine de la Voix, c'est-à-dire à en simuler involontairement la pertinence, comme j'ai dû le faire jusqu'ici.

D'autre part, interdire de discerner entre imitant et imité, copie et modèle, double et simple revient à attaquer l'ordre même de la mimésis classique, qui s'instaure d'abord de la possibilité effective d'une telle séparation.

En précisant que cette attaque ne prétend pas, ici, au renversement ou au dépassement de la représentation, mais à un dérangement plus pernicieux de celle-ci à l'intérieur de son dispositif. Car non seulement le simulacre intervient dans un roman dont le vraisemblable réaliste, tout entamé qu'il soit, demeure lisible ; et la forme du discours direct libre qu'il revêt contraste avec les nettes assignations d'origine de quelques énoncés de savoir. Mais surtout, dans le cours même de sa manifestation, cette imitation simulée, tout à la fois, maintient « la structure différentielle de la mimésis » comme cadre et possibilité présumée, et en suspend le fonctionnement dans une opération indécidable. Autrement dit, selon une nouvelle formule de J. Derrida, entre discours de savoir et discours narratif en de telles occurrences, « ce qui est ainsi levé, ce n'est donc pas la différence, mais le différent, les différents, l'extériorité décidable des différents » (23 bis).

Étrange greffe, donc, qui ne vit que d'entailler à mort le « greffon» et le « sujet », tandis que le discours écrit alors, illustrant simultanément son pouvoir d'imitation et la simulation de ce pouvoir, qu'il (n') est (que) le mime de lui-même jusqu'à mimer la mimique même. Étrange graphie, qui ne se présente qu'en dédoublant sa présence ; et représente en fait, dans son retour fréquent, l'absence originaire de la Présence, laquelle ne peut plus ainsi, si l'on tient à la supposer, que dériver secondairement de sa représentation.

b) La Vérité et le Savoir.

Faussant les paradigmes structurels de la mimésis classique (copie et modèle, imitant et imité, etc.), ce simulacre porte atteinte au système de la Vérité, qui commande toujours la finalité de cette dernière. De plusieurs points de vue.

---

23 bis. *La dissémination, op. cit.*, p. 238.

D'abord, loin de manifester quelque adéquation que ce soit entre présence et représentation, il ne produit pas davantage de présence sous l'autorité de la Vérité : il n'en garantit aucune derrière l'alibi de l'apparence simulée.

Ensuite, écho sans origine assignable, il délivre le chant parodique de toute expression, en lui donnant lieu dans le non-lieu de la Voix, hors des prises du Sujet : personne ne le parle, de même qu'en lui aucun discours n'a barre sur l'autre. Dès lors, avec la disparition des propriétaires de ses énoncés, le savoir lui-même est miné en sa propriété, jusque dans son rapport à la Vérité. Car le texte flaubertien, ne disposant aucun garant du discours, n'articule jamais l'indécidable qu'il trame en de tels moments, sur un métalangage consistant ou endurant qui puisse tenir lieu de vérité. Aucune dialectique en cette écriture n'œuvre à produire un troisième terme de synthèse ou de relève, soit pour l'occasion, quelque chose comme un savoir (véridique) du non-savoir. Annulant deux termes qu'elle déporte hors d'eux-mêmes, la parodie impersonnelle se maintient, excentrée, à travers la neutralisation de la structure attributive du langage, dans la suspension de toute affirmation et négation du vrai.

Mais aussi, dans ces intervalles où il effectue la simulation ambivalente des deux discours — narratif et de savoir, le texte révoque le partage net entre *muthos* et *logos,* entre discours de la fable et discours de la vérité, qui constitue l'une des principales oppositions fondatrices de la Vérité depuis le platonisme. Et je suis tenté d'entendre que, parallèlement à certaines avancées de la pensée nietzschéenne, ces passages de l'œuvre nous suggèrent, à leur façon, que « le discours de la vérité, le *logos,* n'est rien d'autre que le *muthos,* c'est-à-dire cela même contre quoi il a toujours prétendu s'être constitué » (24).

De plus, en exposant qu'énoncer du savoir revienne, fondamentalement, à parcourir des séries de lexiques et dérouler des suites de phrases à travers un discours qui ne s'autorise que de lui-même et de sa reproductibilité, le simulacre réduit le Savoir à un pur être de langage que rien ne garantit, et exclut de sa profération toute postulation de Vérité (25). On peut avancer, ainsi, que l'écriture de *Bouvard et Pécuchet*

---

24. Quant à cette perspective, et à la tentative nietzschéenne de « penser le monde comme fable », il faut se reporter à l'article de P. Lacoue-Labarthe, *La Fable,* in *Le sujet de la philosophie,* Flammarion, Paris, 1979, dont cette citation est extraite, p. 17. Selon une suggestion du même auteur, pour repérer l'opposition du *muthos* et du *logos* dans le texte de Platon, on peut citer, entre autres, au niveau du sens des termes : le *Phédon* (61 b), et le *Protagoras* (320 c). Sans oublier les développements connus de *La République* (livres II et III, de 376 e à 398 b) sur l'éducation des gardiens de l'État, où chemine l'idée que le *logos* doit redresser et supplanter le *muthos,* et qui aboutissent à l'exclusion de l'art mimétique.

25. Je rencontre là une intuition de R. Barthes à propos de ce roman : « C'est un moment historique de la crise de la vérité [...] où on s'aperçoit que le langage ne présente aucune garantie. Il n'y a aucune instance, aucun garant du langage : c'est la crise de la modernité qui s'ouvre », *La crise de la Vérité,* entretien sur *Bouvard et Pécuchet,* in « Magazine Littéraire », n° 108, janvier 1976, p. 27. D'autre part, s'il était encore besoin d'insister sur la « modernité » de *Bouvard et Pécuchet,* on conçoit qu'une telle écriture du Savoir puisse être mise en rapport, toujours dans le sillage de Nietzsche, avec la réflexion menée par J. Baudrillard

décrit — à tous les sens — le *renversement,* capital, du Savoir en une masse de langages proliférant sur le mode d'un dire ni vrai ni faux, sans autorité au-delà de lui-même, et tel qu'aucune transcendance ne puisse s'y inscrire.

Enfin, dernière variation de ce thème : tout se passe comme si, par son intermittente percée, à partir de la greffe indécise des discours, ce simulacre tentait de pré-scrire dans le filigrane du texte flaubertien la venue de l'écriture explorée par M. Blanchot : « l'écriture qui, par sa force propre lentement libérée (force aléatoire d'absence), semble ne se consacrer qu'à elle-même qui reste sans identité et, peu à peu, dégage des possibilités tout autres, une façon anonyme, distraite, différée et dispersée d'être en rapport par laquelle tout est mis en cause, et d'abord l'idée de Dieu, du Moi, du Sujet, puis de la Vérité et de l'Un, puis l'idée du Livre et de l'Oeuvre, en sorte que cette écriture (entendue dans sa rigueur énigmatique), loin d'avoir pour but le Livre, en marquerait plutôt la fin » (26).

De tels fragments ne vont pas sans violence. Ces secousses répétées qui fissurent la représentation, et dont le minutieux enregistrement permet d'induire toute une *sismographie* du texte flaubertien, affrontent le lecteur à un vertige redoublé d'apesanteur. Car il perd les centres de gravité de sa lecture et de son désir : pour l'une, disparaît la lisibilité en tant que pouvoir de nommer des voix, désigner les discours, attribuer le sens ; pour l'autre, se dérobe l'objet sous un apparaître incertain. En outre, le lecteur se voit dépossédé des moyens de peser (sur) le texte : discriminer et choisir. Si bien que, entraîné par endroits dans une lecture peu tenable, dont l'espace se dédouble, le propre se simule, le désir se divise, et où personne ne s'exprime, c'est mon sujet même qui vacille, happé de son sol imaginaire. Sans que je puisse décider si cette perte subjective, par delà tout plaisir, débouche sur la jouissance, l'ennui, ou le malaise fasciné.

c) La logique du roman.

Ouvrant la perspective d'une mimésis sans fond, où le discours inscrit la possibilité circulaire d'une auto-imitation infinie, ce simulacre renvoie de fait au texte qui le constitue. Pour rejoindre la tendance mimétique qui traverse, doublement, l'écriture du roman.

D'abord dans la synchronie du volume textuel. Au niveau de la diégèse, les deux héros incarnent cette tendance par leurs continuelles tentatives d'imiter le Manuel, jusqu'à l'opérer directement dans leur Réel. Au niveau de la narration, tout le dispositif d'énonciation, sous la rature de son origine, tend à parler continûment comme un livre anonyme. A quoi correspond, au cœur même des énoncés, l'apparition du simulacre entre discours narratif et discours de savoir.

Ensuite dans la diachronie de l'histoire racontée. Des divers degrés d'imitation diégétique et de simulation discursive, on aboutit, avec le

---

sur le « mythe » de la connaissance objective entretenu par la science actuelle, et sa métaphysique implicite. Cf., par exemple, le chapitre : «La métaphysique du code», in *L'Échange symbolique et la mort,* Gallimard, Paris, 1976.

26. « Note ». in *L'Entretien Infini,* Gallimard, Paris, 1969, p. VII.

projet final : « copier », à la reproduction pure et simple. Tout se passe, alors, comme si, à la suite de son frayage irrépressible dans l'écriture romanesque déjà accomplie, cette force s'apprêtait à contraindre l'entier de la diégèse future, en occupant tout le contenu narratif à venir, pour transformer son insistance espacée dans la manière de dire antérieure, en une consistance massive dans tout le dit postérieur. Selon la logique intraitable d'un *désir mimétique,* dont les deux héros sont les plus évidents supports symboliques.

Puisque nous ne saurons jamais définitivement de quoi, et surtout comment, cette « seconde partie » de *Bouvard et Pécuchet* aurait été composée (27), il faut considérer l'exposé net du projet :

> Bonne idée nourrie en secret par chacun d'eux. Ils se la dissimulent — De temps à autre, ils sourient, quand elle leur vient;— puis se la communiquent simultanément : copier.
> Confection du bureau à double pupitre.— (s'adressent pour cela à un menuisier. Gorgu qui a entendu parler de leur invention leur propose de le faire. Rappeler le bahut).
> Achat de registres — et d'ustensiles, sandaraque, grattoirs, etc.
> Ils s'y mettent. (p. 414)

En cette œuvre, le savoir tend à déromaniser la fiction comme pour s'emparer du récit, on l'a souvent dit. Cela n'est vrai qu'à la condition d'ajouter, inversement, que le récit tend à « fictiviser » le savoir jusqu'à en proposer fréquemment une simulation indécise. Tension non résolue de forces contradictoires (28). Le projet de copie semble devoir précipiter la cohabitation de celles-ci en un état intenable de tout récit *et* de tout savoir. « copier » : le savoir deviendrait non seulement ce que l'on apprend, mais tout ce que l'on rencontre et qui peut se copier : discours, phrases, clichés, mots. Alors le savoir aura entièrement subjugué le récit, l'espace narratif n'étant plus que le lieu de cette reproduction et de l'acte qui l'accomplit. Mais, ce faisant, le savoir se sera dévalorisé jusqu'à n'être plus que le matériau indifférencié d'une espèce de

---

27. Sur cette question, on ne peut que renvoyer à la mise au point en forme de bilan proposée par C. Gothot-Mersch, dans les pages 26 à 32 de son introduction à l'édition ici utilisée.

28. Cette opposition participe du système plus général qui me paraît commander l'écriture de *Bouvard et Pécuchet* selon un réseau de forces antagonistes inconciliées (objet d'un autre travail en cours), soumettant le texte à des sortes « d'injonctions paradoxales » simultanées, proches de la notion analytique de « double contrainte » (double bind). Ainsi, entre autres exemples et pour en rester au simulacre, on entrevoit déjà comment celui-ci peut représenter le point d'émergence et d'intersection d'un autre couple de tensions. D'un côté, la tendance du texte à l'écartement de soi vers son Autre, où, par la greffe de citations plausibles, indistinctes ou simulées altérant toute présence simple du discours, ce dernier tente de sortir de lui-même, de « s'ex-stasier », pour défaire l'œuvre comme totalité close ; en accord avec le phrasé disjoint du roman, et son perpétuel décentrement narratif provoqué par le nomadisme désirant des héros à travers les bibliothèques du Savoir. De l'autre côté, la tendance du texte à la « tautégorie » (voir note 20), où le discours, parlant de lui-même à lui-même, pour se commenter ou se métaphoriser, semble, de la mise en abyme à l'auto-imitation, viser en lui-même le Même ; tandis que le récit s'apprête, dans la copie, à n'être plus que la reproduction indifférente de sa propre substance langagière, par quoi, aussi, l'Autre pourrait revenir au Même.

forme narrative simple : succession et juxtaposition sans fin. Soit la réversion infinie du discours de savoir et du discours narratif, en même temps que leur *épuisement* au profit du mimétique pur.

Il reste que, dans sa partie achevée, le roman de *Bouvard et Pécuchet,* peut apparaître comme l'histoire de l'inscription — démultipliée entre diégèse et discours, et poussée jusqu'au simulacre — du désir mimétique, lui-même dénudé en désir, interminable, de copie. Non pas, bien sûr, comme autrefois, mais plutôt selon le retour du Même dans la Différence (spirale et non plus cercle, ici, si l'on tient à une image spatiale). Cette copie qui, au départ, était contingence et insatisfaction des personnages, devient nécessité du récit en tant qu'aboutissement logique de son écriture — après la traversée romanesque du Savoir.

Pour finir sans conclure ni choisir, je me permets de profiler trois schèmes symboliques derrière ce désir de copie.

Ou bien, celui de la fascination de la folie (29) : s'en protéger tout en l'accomplissant dans l'écriture. S'il se peut que le savoir s'autorise uniquement du langage sans garantie qui l'énonce, que la suspension, en ce dernier, du pouvoir d'affirmer et de dénier l'être fonde le neutre visé par l'exigence d'écrire, et que tout signe tende au simulacre, alors la copie indifférenciée, métaphore excessive — et « bête » si l'on veut — du « ressassement éternel », permettrait, après tout, de se maintenir dans la proximité de cette découverte « insciente ».

Ou bien, celui d'une vie « primitive », qui, selon l'invention d'une « bêtise » radicale et acatégorielle, porterait à son extrémité l'idée d'Aristote que la mimésis est la plus fondamentale détermination de l'homme (30). D'où, en renversant la perspective du philosophe qui fait de cette activité le moyen primordial d'acquérir la connaissance, ne vivre plus, le savoir parcouru, que pour produire de la mimésis brute.

Ou bien, celui de l'approche du bonheur, sous forme d'un amour « bête » et calme, tel que le vivrait enfin ce couple dans la copie. C'est-à-dire dans l'éternisation (sans qu'il soit jamais fixé) du désir mimétique, qui est sans doute le désir tout court.

On peut dire chaque fois : bêtise ; mais aussi : projets d'écriture, de vie, d'amour, menés au bord de l'insensé, par delà optimisme et pessimisme, par delà bien et mal. Projets, plutôt manqués dans notre réel, qui commencent peut-être, ici, de se rêver communiquant entre eux, dans tous les sens, indécidablement.

Jean-Pierre MOUSSARON

---

29. On sait qu'« *au bas de la dernière page du plan figure la note suivante :*
Vaucorbeil (attiré par le bruit) parle pour eux « c'est plutôt dans une maison de fous qu'il faudrait les mener ».
Ceci pour expliquer à la fin du 2ème volume sa lettre au Préfet ,— car le Préfet a eu vent de ce mot — et lui demande son avis « faut-il les enfermer .» (p. 414)

30. *La Poétique,* 4, 1448 b.

STRUCTURE ET ÉPISTÉMOLOGIE DANS
BOUVARD ET PÉCUCHET

> — Quel gros livre on ferait avec tout ce
> qu'on sait !
> — Et quel plus gros livre encore avec tout
> ce qu'on ne sait pas.
>
> Jules Verne *L'Île mystérieuse.*

Flaubert faisait, à la veille de sa mort, un livre *hénaurme* avec tout ce qu'on croyait savoir, soulevant ainsi une controverse bientôt séculaire sur l'épistémologie implicite dans son roman. La grande question qui s'est posée immédiatement après la publication du livre — à savoir, Bouvard et Pécuchet sont-ils des imbéciles ? — peut paraître un peu naïve aujourd'hui, mais elle en englobait à vrai dire une autre qui est aujourd'hui loin d'être résolue : Flaubert dénonce-t-il « le défaut de méthode dans les sciences » (VIII, 336), ou annonce-t-il déjà la « banqueroute de la science ? » (1)

Il faut bien avouer que cette question ne sera tranchée ni par l'étude de la *Correspondance,* ni par l'examen approfondi de la vie de Flaubert. On ne pourra y répondre non plus, semble-t-il, en recourant aux œuvres antérieures, ni enfin en relevant les passages traitant directement

---

1. « Banqueroute de la science » : phrase employée par F. Brunetière (entre guillemets déjà) dans son article « Après une visite au Vatican », *Revue des deux mondes,* CXXVII, 1895, p. 98. Nos citations de Flaubert sont indiquées dans le texte : les indications comportant volume et page renvoient à la *Correspondance* (Nouvelle édition augmentée ; Paris, Conard, 1926-33, 9 vols.) ; les indications de page, à *Bouvard et Pécuchet* (édition critique d'A. Cento, Paris, Nizet, 1964). Nous entendons le mot *épistémologie*, non au sens étroit d'étude des méthodes d'une science, mais au sens de philosophie des sciences (en donnant un sens large au mot *science* aussi). Le débat sur la signification épistémologique du roman se résume dans les remarques suivantes : « Flaubert est pour la science dans la mesure justement où celle-ci est sceptique, réservée, méthodique, prudente, humaine... Il y a dans *Bouvard et Pécuchet* l'annonce d'un pragmatisme... » (Raymond Queneau, « Préface à *Bouvard et Pécuchet* », *Bâtons, chiffres et lettres,* « Collections idées, Nº 70 », Paris, Gallimard, 1965 ; pp. 121-2 ; 123) ; et « Défaut de la [sic] méthode, o non piuttosto vanità, inutilità del metodo, inteso come binario obbligato imposto dalla dialettica della ricerca scientifica, stratificazione di luoghi communi, e come tale impotente a cogliere la verità nella sua essenza ?» (A. Frescaroli, « I germi dell'antiromanzo in *Bouvard et Pécuchet* », *Aevum,* XL, 1966, p. 154). Nous voudrions signaler ici la dette que nous avons contractée en préparant cet article envers le Professeur D.A. Griffiths.

de l'épistémologie dans *Bouvard et Pécuchet* lui-même (2). Il est également très probable qu'on ne trouvera jamais de réponse nette à la question — l'étude de Sartre, en particulier, ne suggère-t-elle pas une contradiction fondamentale chez Flaubert à l'égard de la science ? Cherchons plutôt à préciser la pensée épistémologique présentée dans le roman. Pour ce faire, il nous semble que la méthode la plus prometteuse est l'étude de la structure de *Bouvard et Pécuchet.* Disons, la macro-structure, car nous nous proposons surtout d'examiner la fonction des personnages et de leurs *idées reçues* dans les grandes lignes de l'histoire.

Il vaut la peine, cependant, de commencer par résumer ce qu'on sait, ou croit savoir, sur la pensée flaubertienne en matière d'épistémologie. Celle-ci semble s'organiser autour de deux pôles. Le premier, qualifié souvent de panthéisme ou spinozisme (et Flaubert doit beaucoup, en effet, au philosophe hollandais), est un monisme à résonance vaguement religieuse ; le second, c'est le positivisme, lié — du moins historiquement — au matérialisme mécaniste et au scientisme. Le seul point commun entre ces deux systèmes, et le seul point dont nous puissions être sûrs chez Flaubert, c'est le déterminisme. Sartre nous décrit (3) le « tourniquet » qui s'installe entre ces deux pôles, une espèce de cercle vicieux où la pensée gravite autour d'un centre, incapable de sortir définitivement des contradictions entre tous les systèmes rattachés à ce centre. D'où la diversité déroutante des déclarations philosophiques de Flaubert.

Le seul espoir ouvert à Flaubert, pour dépasser ce tourniquet, semble être l'intuition artistique, la création d'une image qui rendrait compte de sa pensée dans toute sa complexité, tout en évitant le langage abstrait de la philosophie avec son incommode précision. Les dernières pages de *La Tentation de Saint Antoine* illustrent ce procédé, le saint ayant apparemment trouvé une résolution subjective, en dehors de toute logique, des contradictions religieuses qui le tourmentaient. *Bouvard et Pécuchet,* l'autre moitié du diptyque, doit fournir une autre image qui fera rentrer la science dans l'ordre flaubertien. Et la tâche est urgente : la guerre de 1870 représente pour Flaubert la victoire insolente de la science dans ses pires manifestations (4) — elle est devenue un monstre

---

2. Les études de ce genre (dont plusieurs très bien faites) se sont multipliées... et se contredisent comme les livres que lisent Bouvard et Pécuchet. *La Correspondance* est notoirement contradictoire et difficile à manier — voir à ce sujet P.M. Wetherill, *Flaubert et la création littéraire* (Paris, Nizet, 1964 ; surtout p. 34). J.-P. Sartre, dans *L'Idiot de la famille : Gustave Flaubert de 1821 à 1857* (Paris, Gallimard, 1971, 3 vols.) montre la pensée de Flaubert si flottante, qu'il ne faut guère s'attendre à des réponses nettes de ce côté. La situation personnelle de Flaubert avait tant changé à l'époque où il composait *Bouvard et Pécuchet,* qu'on ne peut pas présumer une continuité absolue dans sa pensée, même depuis *La Tentation de Saint Antoine.* Enfin, il semble assez arbitraire d'affirmer que tel ou tel personnage, avec telle ou telle phrase, devient le « porte-parole » de l'auteur.

3. C'est un des grands thèmes de *L'Idiot de la famille,* repris constamment dans l'ouvrage. Sartre fait découler la tendance panthéiste de l'influence de la mère de Flaubert, le positivisme (matérialisme) de celle de son père.

4. Voir VI, 161 et 184. On connaît l'affolement de Flaubert devant le désastre.

inhumain, tel le Moloch de *Salammbô*, dont la bêtise triomphante et cruelle doit être réduite, à coup de ridicule, aux proportions humaines, confortables, des deux copistes penchés sur leur pupitre. Et, bien sûr, la question philosophique de la valeur de la science doit être résolue pour elle-même. La philosophie contemporaine commence à s'occuper du même problème dans ses propres termes, ce qui facilitera le travail de Flaubert. Citons au moins Spencer, de qui la notion de l'Inconnaissable, en délimitant les domaines de la science et de la foi, avait déjà cautionné le dénouement de *la Tentation de Saint Antoine*, et Renan, qui essaie lui-même de réconcilier panthéisme et positivisme dans ses *Dialogues et fragments philosophiques* (5).

Or, Flaubert trouvera dans le principe structural même de son roman une image — une représentation visuelle, géométrique — adéquate à l'expression de sa vision de la science et de sa place dans l'univers intellectuel de l'homme. Ce principe, c'est le cercle ; on l'a vu depuis longtemps, sans toutefois reconnaître la richesse du motif circulaire, en apparence tout simple, et sans beaucoup approfondir les rapports de celui-ci avec les questions épistémologiques qui nous occupent ici. Louis R. Rossi (6) a classé les matières étudiées par les deux protagonistes, et montré un mouvement cyclique à travers trois grands regroupements — sciences, humanités, métaphysique — mouvement qui va du particulier au général, étendant sans cesse le domaine des idées qui tombent sous l'empire du scepticisme. Victor Brombert (7) reprend ce thème du cycle, du retour au point de départ, pour y déceler un pessimisme profondément enraciné :

> « The book thus stresses simultaneously an unending quest (always a new interrogation opens up a new inquiry) and an eternal dissatisfaction which once again makes the two copyists yearn for new experiences. Only it would be a mistake to believe that the novel describes a progression. Here too the movement is cyclical, and in typical Flaubertian manner this issueless motion suggests fixity and death ». (*op.cit.*, p. 265)

---

5. Voir le chapitre sur Renan dans D.G. Charlton, *Positivist Thought in France During the Second Empire, 1852-1870* (Oxford, at the Clarendon Press, 1959). Flaubert, en 1876, exprima un vif intérêt pour l'ouvrage de Renan (VII, 297-8), mais il ne faut pas en tirer trop de conclusions : il loue en particulier les pages 133-4, où Renan parle de la sagesse de fuir le monde pour se dévouer aux occupations intellectuelles. Flaubert lisait d'autres philosophes aussi, au moment de la composition de *Bouvard et Pécuchet ;* mais il est difficile de déceler des influences précises ; — Cf. par exemple, sur Schoepenhauer : « Idéaliste et pessimiste, ou plutôt bouddhiste. Ça me va » (VIII, 272). Ce «bouddhiste» fait rêver, mais comment l'interpréter.

6. « The Structure of Flaubert's *Bouvard et Pécuchet* », vol. 1, *Modern Language Quarterly*, XIV, 1953, pp. 102-11.

7. *The Novels of Flaubert : A Study of Themes and Techniques*, Princeton N.J., Princeton University Press, 1966. Brombert identifie également le mécanisme qui permet à Flaubert de maintenir les rapports de forces qui définissent les cycles que parcourent les héros : « A system of polarities, which dialectically are never resolved, is maintained throughout the novel » (p. 264). Ces polarités remontent en dernière analyse à l'opposition panthéisme-positivisme chez Flaubert.

Le cercle, cependant, permet un jeu de mouvements beaucoup plus complexe que le simple retour au point d'origine. George Poulet (8) démontre deux grands mouvements typiques dans l'œuvre romanesque de Flaubert — un rapport du centre à la circonférence caractérisé par la contraction et l'expansion, et le déplacement sur une circonférence, qui peut également se muer en spirale. Ces mouvements (qui peuvent se décomposer en un ensemble assez compliqué) se retrouvent dans *Bouvard et Pécuchet,* croyons-nous, et, pris globalement, représentent, sous forme de métaphore, l'activité intellectuelle de l'homme.

Nous donnons ici, à titre d'hypothèse, une description sommaire de cette métaphore, avant de la développer par l'étude du texte même du roman. Si l'on définit une vérité — vérité absolue, vérité objective, considérée en dehors de ses rapports avec l'homme — par un point quelconque, on trouvera facilement un minimum de deux formulations humaines de cette vérité. Ces formulations se contrediront, chacune prenant en compte une partie de la vérité qu'ignore l'autre. Elles formeront donc deux (ou plusieurs) pôles, qui définissent une circonférence ; si l'on attribue une certaine force d'attraction à chaque formulation et une certaine force propre à l'esprit humain, celui-ci se mettra à tourner autour du centre en suivant cette circonférence dans un effort honnête mais vain de cerner toute la vérité. Ce mouvement en cercle caractériserait une activité psychique normale (et en particulier, celle de Flaubert autour de l'idée du déterminisme dans ses deux grandes manifestations). L'inactivité intellectuelle, ou dogmatisme — plus répandu encore que le tournoiement peut-être — se représenterait par un arrêt total sur un point arbitraire de la circonférence. La pensée rationnelle, et notamment la science, qui cherche à coordonner et à réconcilier toutes les vérités partielles, inscrirait une spirale asymptotique tendant vers le centre — c'est-à-dire qu'elle fabrique des conceptions de plus en plus adéquates, par un mouvement dialectique, sans jamais arriver à la vérité absolue. La spirale inverse, qui s'éloigne du centre, représente la folie (9). Ce modèle peut tenir compte de l'activité

---

8. « La Pensée circulaire de Flaubert », *La Nouvelle nouvelle revue française,* 3ème année, N° 31, 1er juillet 1955, pp. 30-52. « Ce caractère *circulaire* de la représentation du réel chez Flaubert n'est nullement métaphorique ; ou, si c'est une métaphore, ce n'en est certes pas une inventée pour les besoins de la cause par le critique. Cette métaphore se retrouve, en effet, à chaque instant dans l'œuvre de Flaubert, et elle s'y avère si insistante, si nécessaire, si significative, qu'il faut bien la reconnaître pour l'image essentielle par laquelle s'expriment les rapports du monde et de l'être dans l'imagination flaubertienne » (p.34). On trouvera une discussion de la spirale p. 44 ; l'auteur parle peu de *Bouvard et Pécuchet,* notant simplement qu'il « a pour sujet un cycle étroit d'activité maniaquement recommencé » (p.38).

9. C'est très précisément le sujet du projet de roman, *La Spirale* — voir « Un inédit de Gustave Flaubert : La Spirale », *La Table ronde,* N° 124, 1958, pp.96-98. Suivi d'une étude par E.W. Fischer, « Une trouvaille » *ibid.,* pp.99-124. Le héros de ce roman, jamais écrit, devait se séparer de la « réalité » — d'abord à l'aide du haschisch, puis de plus en plus par un travail de pure imagination — dans un mouvement en spirale défini par l'affaiblissement progressif des attaches entre son activité mentale et ses perceptions du monde «réel». La dégradation de sa condition matérielle devait suivre une courbe en relation strictement proportionnelle à la courbe de son élévation vers le bonheur. Nous avons donc *explicitement* dès 1852 à peu près (Fischer, *op.cit.,* p.100), une géométrie romanesque toute pareille à celle que nous proposons pour *Bouvard et Pécuchet,* mais en sens inverse.

de la raison, de tout ce qui se trouve en deça des limites de l'Inconnaissable spencérien, et nous y reconnaissons le Flaubert positiviste du « défaut de méthode », sceptique et pessimiste. C'est ce Flaubert qui tient le devant de la scène dans la plus grande partie de *Bouvard et Pécuchet*. Mais il y a également le Flaubert panthéiste, « artiste », qui s'installe intuitivement au centre, en pleine vérité, et dont l'autre mouvement est plus caractéristique — expansion du cercle jusqu'aux limites de la diffusion du moi dans l'univers ; contraction, concentration dans l'expression imagée de la réalité. Seule la superposition de ce modèle sur l'autre peut rendre compte de l'apothéose finale de Bouvard et Pécuchet, au moment où ils abandonnent la science sans l'avoir vraiment entamée, préférant la copie — une activité artistique, intuitive, à leur mesure (10).

L'idée reçue, ou cercle vicieux.

Tout part, dans l'univers « bouvardo-pécuchétien », de l'*idée reçue*, et cela, que nous considérions les préoccupations philosophiques de Flaubert, la genèse du roman, ou le texte même de celui-ci.

Flaubert, en effet, ne s'occupe guère de l'origine des idées ; sa réflexion ne porte que sur la valeur et les effets pratiques d'idées déjà existantes. L'esprit, chez Bouvard et Pécuchet, n'est nullement une feuille vierge sur laquelle on inscrirait des connaissances, mais un lieu fini, déjà rempli, où les nouvelles idées ne trouveront de place qu'à condition de déloger ou de modifier les anciennes. Flaubert prend l'homme dans sa situation sociale, armé d'une panoplie intellectuelle complète par les soins d'un système complexe d'éducation, d'endoctrinement et de surveillance (11). Mal à l'aise dans les analyses abstraites le romancier se détourne de l'étude de ce mécanisme éducatif ; il préfère se pencher sur le produit qui en sort — en l'occurrence, le bourgeois qui répète ses *idées chic* par réflexe, et qui s'effondre (ou qui se révèle ridicule) quand la réalité refuse de s'y conformer. Bouvard et Pécuchet naissent à l'âge de quarante-sept ans, bourrés de platitudes, de phrases à la mode, de théories mal comprises, voire contradictoires, et de contes de bonne femme ; leur amitié débute par l'échange de quelques douzai-

---

10. Ce double modèle s'applique également à *La Spirale* : si, dans le monde de la raison, le héros s'éloigne du vrai (ou du moins du réel) en une spirale centrifuge, dans le monde de l'imagination il atteint une diffusion infinie, une expansion de sa conscience jusqu'au point où il embrasse l'ensemble des phénomènes (une parfaite réussite panthéiste) : « La conclusion est que : le bonheur consiste à être Fou (ou ce qu'on appelle ainsi) c'est-à-dire à voir le Vrai, l'ensemble du temps, l'absolu — Il considère comme présent, le passé et l'avenir. Il converse avec les Dieux et voit les types » (*loc.cit.*, p.96). Nous n'avons pas essayé d'établir un mouvement analogue dans *La Tentation de Saint Antoine*, mais l'organisation des tentations en cycles semble prometteuse. A noter également, la suggestion de P. Dimoff (« Autour d'un projet de roman de Flaubert : La Spirale » : *Revue d'histoire littéraire de la France*, XLVIII, 1946, pp. 309-355) que Flaubert n'écrivit jamais *La Spirale* parce que ce roman était trop proche de la *Tentation*.

11. Selon Sartre, Flaubert percevait, dès l'enfance, les mots et les idées comme l'Autre agissant en lui (voir surtout les premiers chapitres de *l'Idiot de la famille*) ; l'acquisition des connaissances demeure donc nécessairement une opération passive chez lui.

nes de lieux communs. Voici le point de départ de leur aventure, et il n'y a aucune raison de ne pas voir dans cette situation une fable d'application générale.

Sans entrer dans le détail des rapports entre les deux ouvrages, nous pouvons aussi postuler une genèse commune pour *Bouvard et Pécuchet* et le *Dictionnaire des idées reçues*. Or, le *Dictionnaire* est loin d'être un simple inventaire de la bêtise. Lorsque nous lisons la lettre datée de 1850 de Flaubert à Louis Bouilhet, où il dit que la préface de cet ouvrage doit être « arrangée de manière que le lecteur ne sache pas si on se fout de lui, oui ou non « (II, 238), il est trop tentant de penser « oui, on se fout de nous », et de passer outre. Il faudrait cependant lire cette remarque en conjonction avec une lettre de 1845 à Alfred Le Poittevin :

> « Il y a maintenant un si grand intervalle entre moi et le reste du monde que je m'étonne parfois d'entendre dire les choses les plus naturelles et les plus simples. Le mot le plus banal me tient parfois en singulière admiration. Il y a des gestes, des sons de voix dont je ne reviens pas, et des niaiseries qui me donnent presque le vertige... A force de vouloir tout comprendre, tout me fait rêver. Il me semble pourtant que cet ébahissement-là n'est pas de la bêtise. Le bourgeois par exemple est pour moi quelque chose d'infini... Pour qu'une chose soit intéressante, il suffit de la regarder longtemps » (I, 192)

La fonction du *Dictionnaire* paraît être de provoquer chez le lecteur le même ébahissement admiratif, la même rêverie que Flaubert décrit dans cette lettre — le lecteur sera pris dans une réflexion circulaire créée par l'idée reçue. Un exemple démontrera le mécanisme en jeu : « Méthode— Ne sert à rien » . Faux, évidemment ; non vrai : on aborde presque toujours ses problèmes au hasard, et on les résout en général, plus ou moins bien ; mais non, faux : pour peu qu'une question soit complexe, il faut un plan d'action quelconque ; mais non, vrai : on tombe dans de nombreux pièges à appliquer une idée préconçue, qu'un peu d'expérience pratique ferait éviter. Cette sorte de réflexion, à demi consciente, peut continuer presque indéfiniment. Il faut un effort de la volonté — minimal, il est vrai — pour en sortir, comme il suffit d'une intervention de l'intelligence — encore minimale — pour voir que la question est mal posée. Mais le lecteur est facilement attrapé dans ce cercle vicieux, soit par inattention, soit par complicité. Si nous exceptons un assez grand nombre d'*idées chic* mal placées (« Guerre — Tonner contre. Moustaches — Donnent l'air martial. Racine — Polisson ! ») et quelques rares plaisanteries infantiles (« Langouste — Femelle du homard »), toutes, ou presque toutes, les définitions sont capables de mettre en branle la même sorte de carrousel : « Cauchemar — Vient de l'estomac. Doute — Pire que la négation. Fossile — Preuve du déluge. Question — La poser c'est la résoudre ». Flaubert encourage souvent cette circularité par des renvois : « Été — Toujours exceptionnel (v. *hiver*). Hiver — Toujours exceptionnel (v. *été*) ».

Les propos des deux protagonistes dans les premières pages de *Bouvard et Pécuchet* sont de même nature et produisent les mêmes effets :

> « La vue de cette noce amena Bouvard et Pécuchet à parler des femmes, qu'ils déclarèrent frivoles, acariâtres, têtues. Malgré cela, elles étaient souvent meilleurs que les hommes ; d'autres fois elles étaient pires. Bref, il valait mieux vivre sans elles ... » (273)

Dans les pages suivantes, des douzaines d'affirmations contradictoires émanant de savants ou de philosophes engendrent des cercles vicieux ; le fait que les événements contredisent les règles de tous les manuels produit une impression analogue. Et l'un des grands thèmes des notes pour le *Sottisier* est également la contradiction : « Crimes des rois et crimes des peuples », « Contradictions de la science », etc. Mais la contradiction ouverte n'est pas absolument nécessaire ; chaque idée reçue en appelle d'autres, et le roman s'emplit ainsi de mini-tourniquets.

Devant cette ronde stupide, le lecteur éprouvera vraisemblablement une sorte de fascination, dans laquelle entreront — peut-être inconsciemment — la constatation évidente que les hommes (lui-même y compris, parfois) disent et pensent de telles choses, et aussi un sentiment de supériorité puisqu'il voit qu'on peut éviter de pareilles inepties en faisant l'effort de comprendre la question à laquelle l'idée reçue veut répondre (cf. Hegel, « Der Widerspruch ist das Fortleitende »). Nous pouvons déjà noter deux caractéristiques de la sorte de vérité que donne cette transcendance de l'idée reçue : 1) elle est négative — elle s'établit contre l'idée reçue en la détruisant, et 2) elle est synthétique et dialectique — elle veut embrasser et expliquer dans sa totalité le cercle produit par l'affirmation ou la contradiction initiale (remarquons aussi que la nouvelle vérité peut très bien être elle-même une vérité partielle capable d'engendrer un nouveau cercle).

On voit aussi dans ces premières pages du roman que les idées reçues sont indispensables à la bonne marche de la société (12) ; elles présentent le seul point de contact possible entre les deux héros. Elles établissent la communication en garantissant la coincidence des circonférences mentales des individus — ainsi la cohésion sociale est fondée sur une sottise commune. D'où une certaine ambiguité dans notre attitude envers la vérité : la perte de nos illusions tend à nous isoler, à moins que nous ne puissions imposer nos découvertes à nos voisins.

Il faudrait aussi noter que les idées reçues forment un réservoir d'idées latentes ou dormantes ; le mouvement circulaire qu'elles provoquent lorsqu'elles s'affrontent, ou lorsque les événements les contredisent, appelle les questions sans lesquelles l'enquête rationnelle ne naîtrait jamais (13).

---

12. Voir la lettre à Bouilhet citée ci-dessus ; Flaubert parle d'une « bonne préface où l'on indiquerait comme quoi l'ouvrage a été fait dans le but de rattacher le public à la tradition, à l'ordre, à la convention générale, et arrangée de telle manière etc... ». (II, 237-8). Les attitudes de Flaubert envers l'intégration sociale étaient assez ambiguës : comparer le plaisir mêlé d'orgueil qu'il prenait à fréquenter le salon de la princesse Mathilde avec son dédain envers l'Académie française.

13. « Mais nous ne ferions rien, dans ce monde, si nous n'étions guidés par des idées fausses. C'est une remarque de Fontenelle que je ne trouve point sotte » (VIII, 283).

Mais en dépit de ces traits positifs, l'idée reçue trahit évidemment un échec de l'esprit ; elle est la preuve du renoncement à la recherche de la vérité. Survivre n'est pas vivre, répéter n'est pas penser — la vie et la pensée sont solidaires d'un effort soutenu pour apprendre et pour comprendre ; cet effort prendra nécessairement la forme d'une tentative d'extirper les croyances antérieures. Les aventures intellectuelles de Bouvard et Pécuchet, seuls êtres *vivants* du roman, figurent l'épopée de la pensée humaine.

La science, ou la spirale.

Bouvard et Pécuchet se lancent presque immédiatement dans la recherche de la vérité ; ce qui les y pousse, c'est tout simplement leur amitié. Flaubert avait écrit dans un scénario du premier chapitre :

« Par le seul fait de leur amitié, ils se développent intellectuellement,
Vide de leurs discours, mais la moindre idée, le moindre mot suffit pour l'épanchement quand le cœur est plein.
Les grands sentiments n'ont pas besoin de paroles » (14).

La complémentarité de leurs caractères n'est pas seulement une ruse d'écrivain pour maintenir l'intérêt du lecteur devant la « philosophie », ni même seulement l'éloge de l'amitié. Chacun est pourvu de tout un équipement d'habitudes et d'opinions que le bagage mental de l'autre met en question ; en même temps leur lien sentimental les force à résoudre les questions posées. Autrement dit, leur rencontre met en mouvement un certain nombre de cercles vicieux tout en stimulant la transcendance de ces cercles. La loyauté leur défend d'éviter les problèmes ; leur communication intuitive, qui se transmet sans paroles, réduit leur tendance à se réfugier dans des formules verbales vides de sens. Plus tard, leur persévérance dans leur quête ne s'expliquera que par le soutien mutuel en face de l'échec, et par la possibilité de partager les joies de la découverte. Leur amitié leur révèle l'existence de profondeurs insoupçonnées dans la réalité ; il est donc assez naturel que l'activité principale de leur vie en commun soit l'exploration de ces niveaux plus profonds.

Leur première victoire sur l'idée reçue est infime — Pécuchet ôte sa flanelle sur les instances de Bouvard (275-6) — mais bientôt ils font un véritable effort pour apprendre, ce qui selon eux consiste à amasser les informations — « ils entrèrent au cours d'arabe du Collège de France, et le professeur fut étonné de voir ces deux inconnus qui tâchaient de prendre des notes » (279). C'est surtout la curiosité qui les pousse ; ils n'ont aucunement l'*intention* de se débarrasser de leurs préjugés — «Ils *s'efforcèrent* au Louvre de s'enthousiasmer pour Raphaël » (279 ; c'est nous qui soulignons). Néanmoins, même cette curiosité sans direction leur permet d'emmagasiner un stock de contradictions libératrices.Pour le moment, ils ne font que se rendre compte de leur ignorance ; la « contradiction » consiste en des bribes d'informations exotiques qui

14.Cité par R. Dumesnil, « Introduction » à *Bouvard et Pécuchet,* Paris, Les Belles Lettres, 1945, t.I, p. XLVIII.

s'opposent à leur habitude de voir l'univers sous la forme d'un certain nombre de bureaux, de chambres et de restaurants à Paris (le « provincialisme du Parisien », idée chère à Flaubert) :

> « Ils s'informaient des dévouvertes, lisaient les prospectus, et, par cette curiosité, leur intelligence se développa. Au fond d'un horizon plus lointain chaque jour, ils apercevaient des choses à la fois confuses et merveilleuses... Et, ayant plus d'idées, ils eurent plus de souffrances... La monotonie du bureau leur devenait odieuse » (279).

En s'établissant à Chavignolles, ils comptent seulement faire de l'agriculture et s'avancer d'un ou deux crans dans la société : cultiver et se cultiver. Leur tour du monde intellectuel n'est nullement prémédité. Ce sont leurs problèmes pratiques qui révéleront leur «défaut de Méthode» et qui, ainsi, soulèveront des questions épistémologiques ; la lenteur de leur déniaisement fait sentir au lecteur la force d'inertie de l'idée reçue.

En effet, ils passent plusieurs années dans l'agriculture et dans des entreprises annexes, en s'inspirant de manuels. Le choix était judicieux —la terre et les saisons fournissent un nombre de variables indépendantes qui suffisent à mettre toutes les théories à une rude épreuve ; celles dont Bouvard et Pécuchet ont connaissance, y échouent misérablement. Le fait que les manuels se contredisent entre eux (300-1) faisait déjà germer le doute ; la diversité désespérante de la nature finit par ébranler leur croyance qu'il existe, ou pourrait exister, et en tout cas devrait exister, quelque formulation qui prendrait en compte tous les cas — quelque *vérité* :

> « Et non seulement chaque espèce réclame des soins particuliers, mais encore chaque individu, suivant le climat, la température, un tas de choses ! où est la règle alors ? et quel espoir avons-nous d'aucun succès ou bénéfice ?» (310)

Leur orientation reste pratique (« succès ou bénéfice »), mais le premier grand principe de la connaissance scientifique commence à poindre chez eux : les faits et les théories appartiennent à deux ordres distincts, et la théorie (point sur la circonférence) ne peut jamais offrir qu'une vue partielle du fait (qui, en vertu de son existence réelle, occupe le centre). Mais leurs déboires moraux et financiers successifs ne suffisent pas à faire accepter la dure leçon de la réalité ; il faut qu'ils manquent de peu de se tuer dans l'explosion de leur distillerie pour qu'ils se rendent compte qu'ils ont un problème de *méthode*.

Leur réaction initiale était défaitiste — « L'arboriculture pourrait bien être une blague ! — Comme l'agronomie ! répliqua Bouvard »(310) Mais les derniers mots du second chapitre — « C'est que, peut-être, nous ne savons pas la chimie !» (323) — montrent un vrai progrès. Les deux copistes ont vu que leurs manuels, loin d'offrir une description simple et directe de la réalité, ne peuvent se comprendre qu'à la lumière des principes sur lesquels ils se fondent. C'est la découverte de la spirale : ils se rendent compte, assez vaguement, que les lois, les théories et les classifications scientifiques sont un ensemble de formulations *interdépendantes* qui ont pour objet de donner une signification aux phénomènes observés. Pour comprendre ces formulations, il faut se déplacer vers le centre (le vrai, le réel) ; ils n'auront toujours qu'une vue partielle sur le vrai, mais dans l'autre direction, leur regard embrassera tout un arc de la circonférence qu'ils ont quittée. Et pour s'approcher du centre, il faudra se frayer un chemin à travers une foule de contradictions apparentes pour arriver à la vérité plus large qui réconcilie, explique ou dépasse les termes de chaque contradiction.

Les chapitres III à IV décrivent la quête cyclique, consciente, de Bouvard et Pécuchet. Cette partie centrale du roman, déjà étudiée en détail par Louis R. Rossi (voir ci-dessus, note 6) montre une progression lente mais continue (15), vers des questions toujours plus larges, plus profondes. Le mouvement demeure négatif et synthétique : on procède à la destruction des illusions (et non à l'entassement des connaissances) par le moyen de la confrontation des idées avec les phénomènes, ou bien avec d'autres idées. L'approche constante de la vérité est assez claire ; il reste cependant à tirer quelques leçons épistémologiques du détail de la spirale.

Bouvard et Pécuchet sont d'abord scandalisés devant l'illogisme de la vision scientifique de l'univers. La première chose qu'ils apprennent en chimie, c'est que « les corps simples sont peut-être composés » (324), une affirmation qui rend cette science entièrement opaque pour eux (comme elle l'était pour Flaubert, d'ailleurs – VI, 407). Lorsque Vaucorbeil leur dit que « la cause et l'effet s'embrouillent » (335), ils sont dégoûtés, n'ayant pas encore compris que *cause* et *effet* sont des catégories mentales que la réalité n'est pas obligée de refléter (16). Bref, ils repètent sur le plan théorique les leçons pratiques du chapitre II. Leurs réactions sont identiques à celles du début, mais ils vont plus loin. D'abord, leurs déceptions provoquent une rage de tout rejeter – « ils conclurent que la physiologie est (suivant un vieux mot) le roman de la médecine. N'ayant pu la comprendre, ils n'y croyaient pas » (333) – mais bientôt ils en arrivent à une sage résignation devant l'étendue et la complexité des problèmes – « Les ressorts de la vie nous sont cachés, les affections trop nombreuses » (339) – avant de toucher à la conclusion, qu'il faut qualifier d'intelligente, que la certitude est impossible :

> « La science est faite suivant les données fournies par un coin de l'étendue. Peut-être ne convient-il pas à tout le reste qu'on ignore, qui est beaucoup plus grand, et qu'on ne peut découvrir ». (343)

15. Que le progrès des héros soit marqué par des lenteurs, des retours en arrière, n'est guère surprenant. Du point de vue du réalisme romanesque, il est normal que leurs échecs aient des contrecoups émotionnels – dégoût, désespoir, parfois l'exaspération du désir de savoir. Mais il fallait aussi montrer que les leçons intellectuelles ne s'intériorisent chez l'homme qui par une longue expérience – à comparer Spinoza, *L'Éthique,* Quatrième Partie, sur la servitude humaine, c'est-à-dire la subordination de la pensée rationnelle aux émotions.

16. « Je crois que toutes vos douleurs morales viennent surtout de l'habitude où vous êtes de chercher la *cause.* Il faut tout accepter et se résigner à ne pas conclure. Remarquez que les sciences n'ont fait de progrès que du moment où elles ont mis de côté cette idée de cause... Or, je ne connais rien de plus noble que la contemplation ardente des choses de ce monde. La science deviendra une foi, j'en suis sûr. Mais, pour cela, il faut sortir des vieilles habitudes scolastiques : ne pas faire ces divisions de la forme et du fond, de l'âme et du corps, qui ne mènent à rien – il n'y a que des faits et des ensembles dans l'Univers » (IV, 357). On pourrait multiplier les citations analogues.

Ainsi, au milieu du chapitre III, Bouvard et Pécucher ont appris la vérité (ou mieux, perdu leurs principales illusions) sur la nature de la science — c'est un ensemble interdépendant d'idées imparfaites sur des observations incomplètes. La spirale de la science est clairement asymptotique : tout en s'approchant indéfiniment de la vérité, elle n'y parviendra jamais.

La plus grande partie du roman répète les leçons déjà apprises dans les divers domaines étudiés par les deux copistes. Entreprise à la longue lassante, mais nécessaire : toutes les connaissances accumulées doivent être entraînées dans la danse, tous les refuges naïfs — « un peu de science éloigne de la religion, beaucoup y ramène » dit le Comte de Faverges (358) — doivent être détruits. En même temps, il y a beaucoup de points secondaires à éclaircir : l'étude de l'histoire, par exemple, fait intervenir le problème des informations inexactes et de la subjectivité inévitable de toute recherche scientifique ; dans les chapitres sur la philosophie et la religion nous trouvons une distinction entre la connaissance et la foi. D'autre part, les chapitres sur la politique et l'éducation — ce dernier représentant une sorte de fusion, de résumé, de tout ce qui l'a précédé — présentent l'insertion des questions étudiées (qui, autrement, ne concernaient que Bouvard et Pécuchet) dans un contexte social plus large, national, puis à l'échelle du village. Mais la vision de la science n'est pas fondamentalement changée avant le dénouement esquissé dans le plan du dernier chapitre.

A l'époque de la conférence annoncée dans le plan, Bouvard et Pécuchet en sont à aborder leurs problèmes dans la meilleure tradition scientifique : promoteurs enthousiastes de nouvelles idées, ils restent néanmoins sceptiques et gardent une attitude expérimentale. Ils sont conscients de ne pas détenir une vérité *a priori* ; ils combattent plutôt l'ignorance. Mais c'est cette attitude même qui n'est pas acceptable au village ; leurs idées sont comiques, non à cause de quelque ridicule intrinsèque, mais parce que le lecteur les perçoit comme socialement impossibles. La proposition de Bouvard, d'établir une maison de tolérance à Chavignolles (592), est discutable — c'est-à-dire, digne de considération — mais la réaction des Chavignollais n'est que trop prévisible. Le pessimisme de Flaubert porte évidemment moins sur la possibilité théorique du progrès, que sur la probabilité de sa réalisation. Pécuchet, après la conférence, devait résumer la conception du « pignouflisme universel » que l'on rencontre si souvent dans la *Correspondance* (voir surtout VI, 202-3, où le mot employé est « muflisme ») ; Bouvard porte-parole du scientisme qui tentait Flaubert, allait équilibrer cette vue avec une image de ce qui pourrait être une glorieuse prédiction de paix et de prospérité — « et quand la terre sera usée, l'Humanité déménagera vers les étoiles » (594). Aucune raison de contester la vision de Bouvard, sauf une, mais capitale : la vraisemblance supérieure de celle de Pécuchet — surtout pour le lecteur moderne, qui a sous les yeux, non seulement la *Correspondance* de Flaubert, mais aussi d'innombrables exemples de la perversion des progrès scientifiques au service du « muflisme ».

Le dogmatisme, ou l'immobilité.

Le trait intellectuel dominant des voisins de Bouvard et Pécuchet est le dogmatisme, très évident dans la religion du curé, le conservatisme du Comte ou les théories révolutionnaires de Petit, mais présent aussi dans l'idée fixe de Madame Bordin pour qui le but de la vie humaine consiste en l'accumulation de la propriété foncière, ou même dans le « scepticisme de bon goût » (526) de Mahurot, nullement comparable aux doutes péniblement acquis des protagonistes. La vie intellectuelle de tous ces personnages est caractérisée par l'immobilité ; la société de Chavignolles forme ainsi un système stable qui permet de mesurer les progrès des personnages principaux.

Si au début du livre l'ignorance de l'agriculture plaçait Bouvard et Pécuchet dans une position de nette infériorité, à la fin ils ont dépassé les notables du village, à tel point que ceux-ci les trouvent strictement incompréhensibles. Leurs rares résussites donnent la mesure de l'avance qu'ils prennent sur leurs voisins : au chapitre III, c'était le docteur Vaucorbeil qui leur fournissait des idées, mais au chapitre VIII, il est réduit, sinon au silence, du moins à une retraite précipitée, par leurs succès avec le « magnétisme » (463-8). La déconstipation explosive de la vache pourrait être un simple hasard ; le mot « hystérique » peut « expliquer » l'insensibilité à la douleur de la Barbée ; mais devant la prédiction vérifiée que sa femme coud des rubans à un chapeau de paille, le docteur n'a plus qu'à partir fâché. Son scepticisme est une habitude, étroitement liée à la pratique de la médecine, et qui ne peut ni survivre à un accès de jalousie, ni s'opposer effectivement à ses préjugés. Buvard et Pécuchet, au contraire, tout en proférant (sous l'attaque des notables) des phrases vides de sens telles que « fluide nervoso-sidéral », se rendent compte d'abord qu'il existe un phénomène à expliquer, ensuite qu'ils ne le comprennent guère (s'ils se lancent dans le « spiritisme », c'est en premier lieu pour pouvoir s'expliquer le magnétisme).

A mesure que tous deux développent leur intelligence critique, ils commencent à voir l'insuffisance des idées de leurs voisins, et Flaubert note explicitement l'avance qu'ils ont acquise :

> « L'évidence de leur supériorité blessait ...
> Alors une faculté gênante se développa dans leur esprit, celle de percevoir la bêtise et de ne plus la tolérer ...
> En songeant à ce qu'on disait dans leur village, et qu'il y avait jusqu'aux antipodes d'autres Coulon, d'autres Marescot, d'autres Foureau, ils sentaient peser sur eux comme la lourdeur de toute la Terre ». (492-3)

Le dogmatisme des Chavignollais est ressenti comme un poids inerte, une négation du mouvement. L'on comprend aussi qu'il faut condamner tous les auteurs de tous les manuels, non parce qu'ils n'ont pas réussi à expliquer l'univers, mais parce qu'ils ont *conclu*. En présentant leurs idées comme des faits, ils invitent à l'immobilité ; ils disent en effet, « ne cherchez plus, j'ai trouvé ».

La sottise de l'idée reçue, pour peu qu'elle accepte de voir ce qui la contredit, est préférable à la sottise du dogmatisme (ou idée reçue exclusive), dans la mesure où le mouvement même sans issue, est signe de vie. C'est la mise en question de l'idée reçue qui provoque l'entrée de Bouvard et Pécuchet dans la spirale de la science ; le scepticisme ne profite pas aux esprits figés qui les entourent.

Notons également que la supériorité relative acquise par les deux héros implique que certaines idées sont meilleures que d'autres ; l'impossibilité d'arriver à la vérité absolue par la science n'enlève rien à la valeur réelle, mais limitée, de celle-ci. Le fait même qu'il est possible de composer un *Sottisier* renforce cette remarque : comment l'écrire, à moins que le lecteur ne reconnaisse l'infériorité objective des citations incluses ? (17) La confrontation de Bouvard et Pécuchet avec les dogmatismes milite contre les interprétations qui voudraient que le « message » du roman soit le pyrrhonisme ou le nihilisme. Le scepticisme est présenté comme un moyen plutôt qu'une fin, comme une habitude permettant d'éviter l'immobilisme et l'emprise de l'idée reçue, comme la seule arme efficace que nous possédions contre la sottise qui est en nous.

Cependant, la science est incapable de donner des réponses définitives aux grandes questions que nous nous posons, et le scepticisme ne permet pas d'accepter les explications proposées par la philosophie ou la religion. Seule l'intuition pourra suppléer à ce défaut, car c'est un défaut : l'homme flaubertien veut savoir.

L'intuition, ou le centre.

Il est difficile d'établir la validité de la conception d'une installation intuitive au centre, au cœur même du Vrai, car *Bouvard et Pécuchet* est resté incomplet, et c'est justement le retour joyeux des héros à la copie, révélé par les plans, qui doit tenir lieu de conclusion. Il faudra donc aborder la question indirectement.

Au chapitre X, Bouvard et Pécuchet, qui veulent enseigner la botaniue à Victor et à Victorine, rencontrent un nouvel échec — ils exposent les règles, puis les exceptions aux règles... mais tombent immédiatement sur une exception à une exception : « Allons bon ! si les exceptions elles-mêmes ne sont pas vraies, à qui se fier ? » (552). Ce court épisode a dû avoir une grande importance pour Flaubert, car, pendant un mois et demi, il a harcelé ses amis et tous les botanistes possibles pour trouver le renseignement dont il avait besoin.

---

17. L'un des grands thèmes du *Sottisier* est indiqué par les sous-titres « Exaltation du bas », « Classiques corrigés », « Grands hommes » — « Tous les grands hommes sont surfaits. Et d'ailleurs il n'y a pas de grands hommes », *Catalogue des ides chics* — et par les attaques contre la science par les dogmatistes de tout poil ; les citations sont prises impartialement de droite et de gauche : « Toute autorité, mais surtout celle de l'Église, doit s'opposer aux nouveautés, sans se laisser effrayer par le danger de retarder la découverte de quelques vérités, inconvénient passager et tout à fait nul comparé à celui d'ébranler les institutions et les idées reçues » (Joseph de Maistre) ; « Nous aurons souvent le regret de ne pouvoir appuyer la vérité du témoignge de la science. C'est dans ce cas surtout que nous interrogerons notre cœur » (*Le Travail*, organe de la Rénovation sociale — cf. G: Bollème, éd., G. Flaubert, *Le second volume de Bouvard et Pécuchet*, « Dossiers des Lettres Nouvelles », Paris, Denoël, 1966, pp.316,128,168). Le fait qu'il n'y a pas de *louanges* imbéciles de la science et des grands hommes (sans doute faciles à trouver) indique assez clairement que Flaubert favorise la vraie science.

On remarque alors que, dès le début de leurs recherches, Bouvard et Pécuchet vont droit aux cas anormaux, extrêmes :

> « Ils prirent en note, dans le Dictionnaire des Sciences médicales, les exemples d'accouchement, de longévité, d'obésité et de constipation extraordinaires. Que n'avaient-ils connu le fameux Canadien de Beaumont, les polyphages. Tarare et Bijou, la femme hydropique du département de l'Eure, le Piémontais qui allait à la garde-robe tous les vingt jours, Simon de Mirepoix, mort ossifié, et cet ancien maire d'Angoulême, dont le nez pesait trois livres !» (328)

Si quelquefois ils cherchent un résultat normal, l'aberrant vient infailliblement les rejoindre — par exemple, le chou monstre, seule réussite de leur jardin potager (298-9). Ils se trouvent donc constamment en présence de phénomènes qui refusent de se conformer aux catégories des manuels ; les conceptions de la *norme*, du *significatif* et du non-signifiant ne peuvent avoir beaucoup de sens pour eux. Au début, ce bombardement de faits récalcitrants sert surtout à fournir des contradictions à leurs idées reçues, et suggère aussi un critère pour l'appréciation des constructions intellectuelles : une idée ou une classification a une valeur inversement proportionnelle au nombre de phénomènes qu'elle exclut (18). Mais à la longue, l'intrusion persistante d'objets et d'événements inexplicables représente un défi énorme à la science passée, présente et sans doute future.

Le seul espoir du salut semble être l'appréhension directe de *chaque* objet. Et pour cela, il faut rejeter les hiérarchies et les classifications, les distinctions entre *cause* et *effet* dont vit la science. Nous lisons dans l'un des plans pour la fin du roman : « égalité de tout, du bien et du mal, du Beau et du Laid, de l'insignifiant et du caractéristique. Il n'y a de vrai que les phénomènes » (115). Nous rejoignons ici la lettre à Alfred le Poittevin déjà citée : « A force de vouloir tout comprendre, tout me fait rêver. Il me semble pourtant que cet ébahissement-là n'est pas de la bêtise... Pour qu'une chose soit intéressante, il suffit de la regarder longtemps » (I, 192). Une telle attitude devant les phénomènes permet de s'approcher directement du réel par l'intermédiaire de *n'impote quel* objet : l'on s'installe au centre du cercle, au sein de la vérité de l'objet contemplé, par l'action même de la contemplation. Il ne s'agit pas ici d'une compréhension rationnelle, mais d'une rêverie qui doit beaucoup aux tendances panthéistes de Flaubert. Cette intuition du vrai

---

18. Il y a un parallèle curieux à faire ici entre les personnages de Flaubert et un Américain, Charles Fort, qui, vers le début de ce siècle, se dévoua à une entreprise bien « bouvardo-pécuchétienne ». Il passa la plupart de sa vie à collectionner des phénomènes que la science contemporaine ne pouvait guère expliquer — des pluies de grenouilles, des empreintes de pas improbables, etc. Il inventait alors des théories fantastiques pour les expliquer — par exemple, une mer des Sargasses à l'échelle cosmique située au-dessus de la Terre, ce qui expliquerait les débris divers et abondants qui tombent du ciel. Il insistait sur le fait que la faiblesse de la science « officielle » pouvait se mesurer au chiffre des phénomènes — innombrables ! — que ses théories n'expliquaient pas. Bien que les centaines de boîtes remplies de coupures de journal rassemblées par Fort ressemblent beaucoup au *Sottisier*, nous n'avons pu trouver aucune raison de soupçonner une influence.

est une relation du sujet à objet qui ne peut s'exprimer directement, rationnellement ; elle trouve son expression dans la transformation du sujet (19), et notamment dans son activité créatrice. Dans *Bouvard et Pécucher,* les deux copistes subissent une métamorphose subtile dans laquelle leur profession — qu'on pourrait définir comme la pure réception d'idées, l'aliénation du Moi par la soumission à la pensée, à la parole même, de l'Autre — se transmue en une expression du moi, tout en restant fidèle à l'intégrité de l'objet. Le mécanisme de transmission de l'idée reçue se retourne contre celle-ci. Leur rêverie admirative permet à Bouvard et Pécuchet de percevoir la nature réelle des sottises qu'ils transcrivent sans passer par la spirale de la connaissance scientifique. L'acte de soumission que représente la copie devient ainsi une victoire de l'intelligence humaine (20).

Voilà en quoi Bouvard et Pécuchet ressemblent à leur créateur — ne devaient-ils pas écrire le second volume de leur propre roman ? On reconnaît depuis longtemps l'importance de l'appréhension directe et intuitive des objets naturels, des civilisations disparues, dans l'œuvre de Flaubert ; chacun de ses romans évoque un univers qui s'oppose à l'ensemble des idées reçues que l'on identifie normalement avec la vérité et la réalité. Le *Sottisier* (beaucoup plus ouvertement) n'a pas d'autre fonction. Ainsi s'établit une analogie entre le travail artistique de Flaubert et la copie de ses personnages ; on pourrait la développer en comparant les méthodes de travail, la passion du détail, bref, l'encyclopédisme — il nous paraît plus intéressant de remarquer que l'intuition du vrai permet, chez Flaubert, la pensée *déductive,* tandis que la science présentée dans le roman est de nature fondamentalement *inductive.* C'est comme si, placé au centre, l'on voyait toute la circonférence, tous les aspects de la vérité qu'on a pénétrée.

A propos du renseignement botanique dont il avait besoin pour son dixième chapitre, Flaubert écrit à sa nièce :

« Guy [de Maupassant] m'a envoyé *mon* renseignement botanique : *j'avais raison !* Enfoncé M. Baudry ! Je tiens mon renseignement du professeur de botanique du Jardin des Plantes ; et *j'avais raison* parce que l'esthétique est le Vrai, et qu'à un certain degré intellectuel (quand on a de la méthode) on ne se trompe pas. La réalité ne se plie point à l'idéal, mais le confirme... Ah! ah! je triomphe !» (IX, 33)

---

19. Nous avons déjà remarqué que toute l'épopée de Bouvard et Pécuchet commence par leur amitié, un lien direct et intuitif entre eux qui n'a « pas besoin de paroles » pour qu'ils « se développent intellectuellement » (cf. ci-dessus, note 14).

20. C'est la conclusion de G. Bollème (*op.cit.,* p. 26), qui attribue cependant la victoire à l'attitude critique... du moins chez Flaubert (p. 17). Mais Bouvard et Pécuchet devaient *copier,* non raisonner. Comme saint Antoine, peut-être, qui trouve son bonheur en dehors de la ronde infernale des connaissances. Toutefois, il faut signaler cette différence entre les deux romans, que le saint plonge tout simplement dans la vie en abandonnant les affres de la pensée, tandis que les deux copistes se livrent à un travail créateur qui demande la participation (de nature mystérieuse) de l'intellect.

Flaubert *ne pouvait pas* se tromper ; il le dit ici en toutes lettres. Il est vrai qu'il le dit dans la chaleur du triomphe ; mais sa conduite antérieure confirme qu'il le croyait — pourquoi tant s'obstiner sur ce point si, d'une part, l'épisode qu'il projetait n'était pas d'une importance vitale (21), et d'autre part, s'il n'était pas sûr de réussir à la fin ? Les théories scientifiques peuvent être fausses, et même doivent l'être — « la réalité ne se plie point à l'idéal » — mais lorsqu'on regarde tout du sein même du Vrai, on n'a pas besoin de s'expliquer les choses, on *sait*, (cf. Rimbaud, « Je sais les cieux crevant en éclairs...»), et la réalité ne peut que *confirmer* l'intuition. C'est cette « exception à l'exception » qui établit finalement pour Bouvard et Pécuchet le principe de l'égalité de tous les phénomènes ; ce principe sera à son tour l'idée directrice de leur copie, leur apothéose, l'accomplissement de leur quête.

Le modèle circulaire que nous avons proposé mène à une lecture qui réconcilie, dans une co-existence pacifique, la plupart des contradictions épistémologiques apparentes du roman. L'existence simultanée de deux sortes de vérité — la scientifique, limitée, directement communicable, et l'intuitive, illimitée, mais qui ne s'exprime qu'indirectement — crée un équilibre dynamique dans le roman qui explique en grande partie son attrait pour le lecteur de la fin du XXème siècle. *Bouvard et Pécuchet* s'apparente d'ailleurs aux grands courants philosophiques de notre siècle, et, par moments, prend un peu l'allure d'une prédiction inspirée.

Cette qualité de voyance se fait d'abord sentir dans la révélation de l'abîme entre les promesses de la science et ses résultats pratiques. Mais cet aspect du roman n'est guère original chez Flaubert ; sans quitter la littérature française de l'époque, on songe immédiatement à Baudelaire qui dénonçait sans cesse l'idée du progrès, ou à Huysmans, avec son étude de l'échec de la reconstruction rationnelle de l'homme dans *A Rebours*. Même chez un Jules Verne, la science se présente souvent comme une épée à double tranchant. La capacité de provoquer la réflexion que garde *Bouvard et Pécuchet* vient surtout des questions épistémologiques qu'elle pose.

D'abord, nous pouvons remarquer, dans la structure circulaire même que nous venons de décrire, des analogies curieuses avec la pensée marxiste, du moins telle qu'elle se présente chez Lénine :

> « La connaissance humaine n'est pas (respective, ne décrit pas) une ligne droite, mais une ligne courbe qui se rapproche indéfiniment d'une série de cercles, d'une spirale. Tout segment, tronçon, morceau de cette courbe peut être changé (changé unilatéralement) en une ligne droite indépendante, entière, qui (si on ne voit pas la forêt derrière les arbres) conduit alors dans le marais, à la bondieuserie (où elle est *fixée* par l'intérêt de classe des classes dominantes)...» (22)

---

21. « Je suis perdu dans la Pédagogie. Ça ne va pas vite... Mais je *sens* mon chapitre. J'ai peur qu'il ne soit bien rébarbatif. Comment amuser avec des questions de méthode ? Quant à la portée philosophique desdites pages, je n'en doute pas.» (IX, 3-4)

22. V. Lénine, *Cahiers philosophiques*, Paris, Éditions sociales, 1973, p. 347. Les ressemblances ne s'arrêtent pas là — Lénine aussi recherche la vérité à partir des

Cette ressemblance n'est pas accidentelle ; elle vient d'une racine commune — la résolution synthétique des contradictions. Mais il serait absurde de vouloir faire un « bon » marxiste de Flaubert.

Bouvard et Pécuchet nous montre surtout un Flaubert aux prises avec le positivisme, aussi incapable de le réfuter (en termes philosophiques) que d'accepter le vide que ce système laisse subsister derrière les apparences. Le roman peut être considéré comme une grande métaphore qui discrédite le positivisme en faveur d'une forme larvaire du *réalisme mathématique* (23), ou mieux, chez Flaubert, du réalisme esthétique. La présence constante des exceptions et des contradictions dans *Bouvard et Pécuchet* n'est guère compatible avec l'idée que les connaissances scientifiques peuvent se fonder sur l'induction ; le monde réel persiste à imposer sa réalité, et la science ne peut être qu'un processus de *falsification* fondé sur la déduction, à partir de nouvelles observations et de nouvelles hypothèses (24). Mais la science, alors, doit présumer qu'il existe en effet un monde réel, et que celui-ci garde un rapport immuable avec le monde de nos perceptions et de nos idées, comme le dit Max Planck :

« Pourtant, en physique comme en toute autre science, la logique seule ne règne pas, il y a aussi la raison... la raison nous dit que si nous tournons le dos

---

contradictions retrouvées dans les constatations les plus simples : « Telle doit être la méthode d'exposition... de la dialectique en général... Que l'on commence par le plus simple, habituel, massivement répandu, etc., par *n'importe quelle proposition :* les feuilles de l'arbre sont vertes ; Jean est un homme ; Médor est un chien, etc.» (p. 345) ; « L'identité des contraires... est la reconnaissance (la découverte) des tendances contradictoires, *s'excluant mutuellement,* opposées, dans *tous* les phénomènes et processus de la nature (dont *ceux* de l'esprit et de la société)» (pp. 343-4) ; « La connaissance, c'est l'approche éternelle, indéfinie de l'objet par la pensée. Il faut comprendre le *reflet* de la nature dans la pensée humaine non pas d'une façon « morte », « abstraite », *non pas sans mouvement, non pas sans contradictions,* mais dans un *processus* éternel de mouvement, de naissance de contradictions et de leur résolution.»(p.185)

23. Voir A. Koyré, *Études d'histoire de la pensée philosophique*, Paris, Gallimard, 1971, pp. 267-8. Notre emploi du mot *réalisme* se rattache, bien sûr, aux traditions philosophiques et non littéraires. Koyré dit ailleurs : « Le positivisme est fils de l'échec et du renoncement... Le positivisme fut conçu et développé... par les astronomes grecs qui ... se trouvèrent dans l'incapacité de pénétrer le mystère des mouvements vrais des corps célestes, et qui, en conséquence, limitèrent leurs ambitions à un « sauvetage des phénomènes », c'est-à-dire à un traitement purement formel des données de l'observation. Traitement qui leur permettait de faire des prédictions valables, mais dont le prix était l'acceptation d'un divorce définitif entre la théorie mathématique et la réalité sous-jacente.

« C'est cette conception... que les positivistes du XIVème siècle, assez proches en cela de ceux du XIXème et du XXème siècle qui ont seulement remplacé la résignation par la fatuité, ont essayé d'imposer à la science de la nature. Et c'est par révolte contre ce défaitisme traditionnel que la science moderne... a mené sa révolution contre l'empirisme stérile des Aristotéliciens, révolution qui est basé sur la conviction profonde que les mathématiques sont plus qu'un moyen formel d'ordonner les faits et sont la clef même de la compréhension de la nature ». (*Études d'histoire de la pensée scientifique*, Paris, Presses universitaires de France, 1966, pp. 67-68).

24. C'est la thèse de K.R. Popper, *The Logic of Scientific Discovery* (London, Hutchinson, 1959 ; surtout pp. 27, 32, 39-42).

à un objet et nous éloignons de lui, il en subsiste tout de même quelque chose...
Ce sont de telles considérations qui nous contraignent à admettre derrière le monde des sens, l'existence d'un deuxième monde, réel, jouissant d'une existence autonome, indépendante de l'homme, et que nous ne pouvons jamais appréhender directement, mais uniquement par le truchement de nos perceptions, grâce aux signes qu'il nous communique. Nous nous trouvons donc dans la situation d'un homme qui ne pourrait considérer un objet qui l'intéresse qu'à travers des verres de lunettes dont il ignorerait absolument les propriétés optiques.» (25)

(Planck croit fermement que les mathématiques constituent une clef certaine au monde réel)(25). Cette image de l'homme placé devant l'énigme de l'univers s'accorde avec celle que nous avons discernée dans *Bouvard et Pécuchet,* et ne contredit guère dans ses grandes lignes le spinozisme à la Spencer qu'on reconnaît pour l'une des influences majeures s'exerçant sur Flaubert (26). Faudrait-il voir dans l'intuition flaubertienne une préfiguration de Bergson ? Cela ne l'éloignerait pas nécessairement du réalisme scientifique ; Popper (*op.cit.,* p. 31), en distinguant entre le travail du savant (élaboration et falsification de théories) et l'*origine* des idées scientifiques, attribue toutes les découvertes à l'intuition bergsonienne. La science trouve son inspiration dans les mathématiques, Flaubert dans le Beau, mais la différence n'est pas bien grande – Flaubert donne, pour le but de la recherche esthétique, une *méthode* pareille à celle des mathématiques (III, 368), et la valeur supérieure de la solution *élégante* est très généralement reconnue par les mathématiciens. Pour les uns comme pour l'autre, le Beau est signe du Vrai.

Inversement, la sottise est une laideur insupportable, l'idée reçue une inélégance choquante. Et écrire *Bouvard et Pécuchet,* pour Flaubert, ou écrire le *Sottisier,* pour Bouvard et Pécuchet, n'est peut-être qu'une façon d'exorciser le laid, une manière de contempler, à rebours, le Beau et le Vrai.

John GREENE

---

25. Max Planck, *L'Image du monde dans la physique moderne,* Paris, Gauthier, 1963, pp. 5-6. Planck, en parlant des progrès de la science et de l'importance croissante des opérations purement mathématiques (par opposition à l'observation directe, « anthropomorphique »), ajoute : « nous sommes amenés à conclure que ce perfectionnement progressif du [monde de la physique] qui s'accompagne d'un éloignement du [monde des sens], ne signifie rien d'autre qu'une approche continue du monde réel » par un « chemin dont le terme, par principe inaccessible, est la connaissance du monde réel » (p.9).

26. Flaubert , s'il nie la connaissance directe du Réel par la raison – il n'y a pas d'*idées adéquates* chez Bouvard et Pécuchet – ne s'éloigne pas trop du « troisième genre de connaissance », ou Science Intuitive, de Spinoza. Et bien que l'Inconnaissable spencérien soit inaccessible à l'esprit humain, il n'en est pas moins réel : « But Spencer's Unknowable, notwithstanding its negative prefix, is the Ultimate Reality, and does all that is in any way done. We may not know *what* it is ; but *that* it is, is the most assured of all assured certainties.» (C. Lloyd Morgan, *Spencer's Philosophy of Science,* Oxford, at the Clarendon Press, 1913, p. 12).

POÉTIQUE DE LA « BÊTISE » :
LE DICTIONNAIRE DES IDÉES REÇUES

« Pas de réflexions ! Copions ! » (1)

Si l'on en croit les éditeurs de Flaubert, de Caroline de Comman-
ville à Lea Caminiti, c'est sur cette exhortation que devait s'achever le
second tome de *Bouvard et Pécuchet*.

En position de clausule, le propos prend une importance considérable dans l'organisation générale de l'ouvrage et cette importance est
encore renforcée par le fait que ce que Bouvard et Pécuchet copient
n'est pas moins que le brouillon d'un rapport détaillé de leurs pensées et
activités rédigé par le docteur de Chavignolles. En entreprenant de le recopier, Bouvard et Pécuchet s'abandonnent à un cycle perpétuel d'auto-
duplication. Le roman s'achèverait donc comme il a commencé, marqué
par le signe du semblable, du même, de la répétition. Tous les éléments
linguistiques du début du premier chapitre indiquent cette structure du
« double » comme retour du même. Ils s'associent sur le *même* banc, à
la *même* minute, ils ont la *même* idée, ils pensent de *même*, ils sont
tous deux copistes. En somme, ils sont indissociables comme les deux
faces d'une même feuille de papier et l'on peut estimer qu'en présentant
ce couple, Flaubert propose un modèle minimal du conformisme social.
Puisque l'assimilation mimétique est possible entre ces deux personnages, cela laisse soupçonner qu'ils ne sont, en fait, que des prototypes
d'une lignée de clowns, deux exemplaires d'une multitude de copies
conformes.

Dans la conclusion, Flaubert — et il s'agit bien de lui puisque nous
ne disposons que des notes préliminaires à la rédaction proprement dite
— indique immédiatement la valeur qu'il faut attribuer à cette simple
reprise du dossier sous forme de transcription copiée : « Il faut que la
page s'emplisse, que le « monument » se complète — égalité de tout, du
bien et du mal, du beau et du laid, de l'insignifiant et du caractéristique » (2). La pratique de la copie a donc un effet que l'on peut désigner
paradoxalement comme *remarquablement quelconque* : toute altérité
de ce qui est copié, imité, s'annihile immédiatement et laisse place à
l'indifférencié. La reproduction *ad nauseam* de l'original fonde un ordre

---

1. *Bouvard et Pécuchet*, Maurice Nadeau éd., Lausanne, Éditions Rencontre,
1965, « Conclusion », p. 463.
2. *Ibid.*

de la copie qui se suffit à lui-même. Le copiste ne voit plus que par l'imitation et il se satisfait de gérer l'implacable logique du système mimétique. Tout surgissement extérieur d'originalité ou d'altérité est inexorablement réduit aux normes du calque. Toute entame de différence se doit d'être immédiatement effacée par la réalisation d'une copie supplémentaire. La pratique de la copie devient proprement « névrotique » — *géniale,* dirait le *Dictionnaire des idées reçues* — parce qu'en défonctionnalisant ce qu'elle intègre, elle assigne des contraintes et des propriétés nouvelles qui déterminent la place que prendra l'élément intégré dans l'ordre du semblable et de l'identité.

C'est bien la défense et l'illustration de cette ligne de perception que semble promouvoir le propos du *Dictionnaire* puisque pour le mot *original* on trouve cette définition : « Rire de tout ce qui est original. Le haïr et même le bafouer et l'exterminer, si l'on peut » (3).

Ce qui se lit en filigrane dans cette proposition, c'est l'instauration d'une inquiétante uniformité, de ce qu'Alain Buisine, retrouvant des accents flaubertiens, intitule, « un peuple de singes » (4).

Une société affichant un tel automatisme a besoin de modèles qui confortent au plus près ce qui la fonde : le fétichisme de la chose écrite. Or quel objet, mieux que le dictionnaire peut jouer ce rôle ? Texte de référence d'une communauté, il offre un discours à la fois collectif et anonyme. Inventaire et accumulation, il recueille les connaissances, enregistre les faits, distribue satisfecit et blâmes. A la fois instrument de connaissance et symptôme d'une société en mal de savoir, sa propriété d'exhaustivité lui permet d'avoir le dernier mot, de répondre à toute question cachée depuis l'origine du monde, au nom même d'une science impersonnelle et impassible. De plus, la neutralité apparente du travail de greffe permet à l'ordre aseptisé de l'alphabet de réunir côte à côte, sous des entrées différentes, la matière même de la contradiction et de la confusion.

A bien des égards, il est tout à fait significatif qu'au moment même où Flaubert entreprend de « vomir sa bile », comme il dit, sur la société de son temps, au moment même où il dénonce pêle-mêle ses contemporains (5), au moment où il tempête contre son époque : « Je sens contre la bêtise de mon époque des flots de haine qui m'étouffent »(6), il choisisse de produire un réquisitoire qui prenne les formes mêmes imposées par cette société moderne qu'il a en horreur : la *copie* et le *dictionnaire.*

Que cela corresponde à son tempérament, à la fois à sa passion encyclopédique et à son goût pour l'isolement monacal du copiste, comme se plaisent à le souligner la plupart des critiques (7), c'est fort

---

3. Toutes nos citations du *Dictionnaire* sont extraites de l'édition Nadeau (citée *supra*) ou de celle de Lea Caminiti, *Dictionnaire des idées reçues,* Paris, Nizet, 1966.
4. Alain Buisine, « Sociomimesis : Physiologie du petit-bourgeois », *Romantisme* 17-18, 1977, pp. 41-55.
5. « Ah ! comme je suis las de l'ignoble ouvrier, de l'inepte bourgeois, du stupide paysan et de l'odieux écclésiastique ».
6. *Correspondance,* III, pp. 66-67.
7. Cf., par exemple, Victor Brombert, *Flaubert par lui-même,* Paris, Seuil, 1971, p. 63.

possible. Toutefois, dans cette brève étude, nous voudrions nous en tenir à la poétique de l'œuvre et plus particulièrement aux conditions de
manipulation du langage ainsi qu'aux modalités de reinscription de la
langue dans ce texte spécifique.

Tout d'abord, il va de soi que le texte dépasse les intentions *a-
vouées* de Flaubert. Lorsque celui-ci présente son projet à Louise Colet
en 1852, il le fait en ces termes : « Cette apologie de la canaillerie humaine sur toutes ses faces, ironique et hurlante d'un bout à l'autre,
pleine de citations, de preuves et de textes effrayants est dans le but
d'en finir une fois pour toute avec les excentricités quelles qu'elles
soient ». Renchérissant sur cette notion de « citations », il ajoute : « Il
faudrait que dans tout le cours du livre il n'y eût pas un mot de mon
cru, et qu'une fois qu'on l'aurait lu, on n'osât plus parler de peur de dire naturellement une phrase qui s'y trouve » (8).

On voit mal comment Flaubert pourrait dénoncer cet ordre mimo-
cratique qui, selon lui, réduit ses semblables au psittacisme de Loulou
en se contentant de produire un ouvrage qui soit un compendium d'i-
nepties, un vade mecum de parfaits petits poncifs.

Non pas que le glossaire d'auteur soit une production littéraire igno-
rée. Le XVIIIème siècle connaissait, entre autres, le *Dictionnaire comique, satyrique, critique, burlesque, libre et proverbial* de Philibert-
Joseph Leroux et, plus près de nous, il serait facile de citer *Glossaire,
j'y serre mes gloses* de Michel Leiris et l'index placé à la fin de *La vie,
mode d'emploi* de Perec. Ces différents textes, néanmoins, ne sont pas
de simples reproductions-compilations d'énoncés effectivement réalisés.
Le système du discours qui les organise ne manifeste nul trait apodicti-
que. La signifiance ne s'institue pas dans le discours anonyme dont la
responsabilité serait laissée à une tierce personne, ici désignée explicitement par Flaubert comme une non-personne collective (*la foule imbécile*) à laquelle s'attacherait la double modalité du *devoir-savoir*.

Si tel était le cas, on devrait considérer que chaque entrée du dictionnaire est précédée d'une hyper-phrase hypothétique du type : *Il
faut savoir que...*, ce qui transférerait la responsabilité du texte de Flaubert à un corpus de formules toutes faites et de segments discursifs
préfabriqués. En outre, cela accréditerait les clichés selon lesquels
« ça parle » ou « on est parlé ». En fait, ces dictionnaires d'auteur
participent pleinement de la logique du discours à la première personne. La structure *passive* du « on est parlé », n'est qu'un faux-semblant,
en réalité le procès est *déponent*. Certes le discours se constitue dans la
passivité assumée à l'égard des règles de la langue et des contraintes in-
hérentes au statut de communication, mais un texte *active* une systématique spécifique de relations topiques propres à cet ensemble langagier
particulier.

Le *Dictionnaire des idées reçues,* malgré le terme « reçues » qui
laisse supposer morphologiquement et sémantiquement un procès pas-
sif est bien dans le droit fil des autres glossaires d'auteurs et n'échappe
donc pas au statut de texte littéraire, doublement situé dans ses fonctions de distribution et de hiérarchisation.

---

8. Cité par E.L. Ferrère in *Gustave Flaubert : le Dictionnaire des idées reçues,*
Paris : Conard, 1913, « Introduction ».

Pour s'en convaincre, il suffit de le comparer avec l'*Album de la Marquise* et le *Catalogue des idées chic* (9) qui devaient s'y associer pour compléter la seconde partie de *Bouvard et Pécuchet*. Ces deux dossiers ne sont pas rédigés. L'*Album* lui-même n'est qu'une collection compilation de collages découpés ici et là dans des livres, des revues, des journaux. Les extraits extérieurs sont introduits directement, sans changement, dans la nomenclature. Cette entrée simultanée — Voltaire — est exemplaire des différences de présentation.

Dictionnaire   *Catalogie des idées chic*

Voltaire   Science superficielle.   Voltaire est nul comme philosophe, sans autorité comme critique et historien, arriéré comme savant, percé à jour dans sa vie privée et déconsidéré par l'orgueil, la méchanceté et la petitesse de son âme et de son caractère. Dupanloup *Haute Éducation intellectuelle.*

Le *Dictionnaire des idées reçues* est le produit d'une opération de transcodage. Quelle que soit la structure de concaténation de l'énoncé réalisé originel, son intégration dans le texte du *Dictionnaire* le soumet à une transformation qui installe un rapport de type binaire entre des termes distincts. On peut donc parler d'un statut du discours dans le *Dictionnaire* puisque le texte manifeste une propriété métadiscursive du fait même que la distribution des constituants produit un dispositif diacritique qui permet de distinguer entre deux termes et d'analyser les propriétés de leur relation. Ainsi, les trois exemples suivants qui apparient un substantif et un énoncé d'accompagnement :

Autruche   digère les pierres.
Baiser.   Doux larcin.
Badaud.   à Paris, on ne travaille pas.

On voit bien que l'inscription de l'équivalence des deux parties est similaire bien que dans le discours « naturel » restitué, les structures syntaxiques soient différentes :

Autruche.   digère les pierres   * l'autruche digère les pierres.
Baiser.   Doux larcin.   * Le baiser est un doux larcin.
Badaud.   à Paris, on ne travaille pas * Parce qu'à Paris on ne travaille pas, les gens sont des badauds (?).

La réactivation des énoncés sous-jacents restitue pour les deux premiers exemples deux types distincts de structure prédicative et un enchaînement causal pour le troisième.

Ce dispositif diacritique qui introduit un rapport d'équivalence entre deux parties distinguées et mises en relation est l'un des artifices poétiques par lesquels le discours se constitue. Le blanc qui sépare le

---

9. in *Bouvard et Pécuchet*, M. Nadeau éd., ouvr. cité.

mot-vedette et son énoncé d'accompagnement appelle l'interprétation. On en trouve une preuve dans le traitement auquel ont été soumis, dans certaines éditions, les éléments fort justement nommés « diacritiques », c'est-à-dire la ponctuation qui sépare les deux parties de la relation binaire.

Dans l'édition préparée par Maurice Nadeau (10), l'éditeur a remplacé, de manière systématique, le blanc entre le nom et son énoncé d'accompagnement par un *tiret*. Or ce signe diacritique n'est pas utilisé dans le dictionnaire pour introduire l'énoncé d'accompagnement ; il est réservé à l'inscription de la sous-adresse. L'utilisation du tiret n'est cependant pas incompréhensible dans la mesure où dans la structure discursive habituelle celui-ci appartient au mode de la parenthèse et indique donc que l'on souhaite isoler une suite incidente sans rapport grammatical direct avec le contexte. Le signe choisi par l'éditeur trahit donc son interprétation selon laquelle on a affaire à une relation épigone entre un mot-vedette et un énoncé d'accompagnement chargé seulement d'une information parasitaire et susceptible d'être liée au mot-vedette par une variété de relations grammaticales.

La consultation d'autres éditions et des manuscrits nous a convaincu qu'il s'agissait bien là d'une réécriture de la part de Nadeau et donc d'une inscription du commentaire dans le texte même. C'est d'ailleurs bien ainsi que Claudine Gothot-Mersch qui, elle aussi, dans sa nouvelle édition du *Dictionnaire* (11), introduit le tiret comme lien entre l'entrée et l'énoncé d'accompagnement, justifie son choix. Pour elle, le tiret a une valeur « marquée » dans l'œuvre de Flaubert puisque, dans ses écrits, c'est le signe qui lui sert à sortir de l'apodictisme, pour introduire, en incise, un certain nombre de considérations plus personnelles.

Toutefois, Flaubert, dans ses manuscrits du *Dictionnaire*, utilise exclusivement le point et le blanc qui sont les signes diacritiques usuels des dictionnaires. On constate même que certains énoncés tel «Homère» qui se trouve à la fois dans le *Dictionnaire* et le *Catalogue* subissent une transformation diacritique lors de leur intégration dans le *Dictionnaire* : dans le *Catalogue* ils apparaissent sous forme d'apposition marquée par la virgule alors que dans le *Dictionnaire,* ils sont ramenés au modèle de l'homologie.

Dictionnaire	*Catalogue des idées chic*
Homère. n'a jamais existé.	Homère, n'a jamais existé.

Il y a bien là une transformation qui touche le statut discursif puisque grammaticalement l'apposition est toujours une construction prédicative, alors que l'homologie est une structure paraphrastique. Ce qui explique que dans la terminologie habituelle des dictionnaires, on puisse désigner le mot-vedette et son énoncé d'accompagnement comme la *dénomination* et son *expansion*. Qu'il s'agisse d'un traitement lexicographique homonymique ou polysémique, le mode discursif du

10. Cf. note 3.
11. *Bouvard et Pécuchet,* Claudine Gothot-Mersch éd., Paris, Gallimard, coll. « Folio », 1979, 570 p. . A propos de cette édition, voir Claude Mouchard. «Bouvard et Pécuchet, dernière édition », *Critique* n° 393, février 1980, pp. 181-182.

dictionnaire et toujours celui de la redondance, d'un retour du même. Plus précisément, en termes sémantiques, dans le dictionnaire, la relation impliquée entre le mot-vedette et son énoncé d'accompagnement répond toujours à un jugement dit *analytique*, c'est-à-dire qu'il est nécessairement *vrai ;* sa véracité étant assurée par le caractère sémique discret des mots qui le constituent et par les règles syntaxiques de la langue qui placent ces mots dans un type limité de relation. En fait, donc, dans le dictionnaire l'expansion se doit d'être un trait sémique constitutif de la dénomination.

On comprend donc bien dans quelle mesure le choix de la ponctuation des éditions Nadeau et Gothot-Mersch constitue une interprétation et un commentaire : la disposition parenthétique souligne le caractère accidentel, parasitaire et synthétique de la relation entre le mot-vedette et son énoncé d'accompagnement, c'est-à-dire, exactement ce que la structure du *Dictionnaire* essaie de dissimuler en plaçant les deux termes dans une relation homologique d'équivalence qui accrédite le caractère de nécessité analytique de la relation.

Lea Caminiti a donc tort d'affirmer que du point de vue du discours, le *Dictionnaire* est certainement l'œuvre la moins flaubertienne et d'étayer ce jugement sur le fait que dans les manuscrits du texte, contrairement aux manuscrits de ses autres œuvres, Flaubert n'a pas fait de correction de « style ». En réalité, il se trouve que le travail du style est tout entier contenu dans la mise en ordre ritualisée, dans le ressassement du dispositif homologique. L'aplat de l'équivalence paraphrastique est l'artifice même par lequel le discours réduit une systématique hiérarchisée, une distribution plurielle au seul mode de la redondance, du retour au même. Au lieu de viser le divers, le multiple, le travail du style, ici, vise à l'*égalisation* des composants.

Le *Dictionnaire des idées reçues* reprend donc le modèle de dispositif discursif qu'impose le genre « Dictionnaire », mais loin d'être *logophore,* de reproduire, de simplement transcrire la langue des autres, il est de nature *logologue. On y reconnaî*t une transformation de la langue par la langue, simplement, cette transformation a comme effet la réduction des différences, l'uniformisation des éléments mis en relation.

Cette première remarque nous amène tout naturellement à questionner la nature et le statut linguistique des deux termes de la relation.

Le linguiste qui s'intéresse tant soit peu à la lexicographie ne peut manquer de constater que la période de rédaction du *Dictionnaire des idées reçues* (1852-1880), correspond très exactement à l'apparition sur le marché des grands dictionnaires « scientifiques » de la fin du XIXème siècle. Le *Grand Dictionnaire Universel Larousse* paru de 1866 à 1878 peut être considéré comme le plus caractéristique de cette production. Or certains de ces dictionnaires constituent une révolution par rapport aux dictionnaires encyclopédiques qui les ont précédés et dont le *Dictionnaire de la Conversation et de la Lecture* paru en 1851 serait le dernier grand représentant.

Jusqu'en 1860, le dictionnaire avait pour but de fournir les « connaissances usuelles nécessaires aux gens de bien » et le corpus de référence était littéraire. Ces nouveaux grands dictionnaires scientifiques sont avant tout des ouvrages de « vulgarisation ». La notion de « gens

de bien » disparaît et avec elle une grande partie de la référence littéraire élitiste. On prend des exemples dans la vie courante et des illustra-
tions dans la langue quotidienne.

Ceci explique que le corpus « bonnes manières », conventions sociales, y compris conventions de conversation (citations, références nécessaires, etc.) rejeté hors de ces dictionnaires scientifiques soit repris en
compte, à la fin du siècle, par une nouvelle catégorie d'ouvrages spécia-
lisés aux titres particulièrement explicites. Parmi les plus notoires, men-
tionnons le *Dictionnaire des lieux communs de la conversation, du style
épistolaire, du théâtre, du livre, du journal* de Lucien Rigaud (1881), *Le
parfait causeur. Petit manuel rédigé en langue parisienne élégante* de
Quatrelles, *Très peu de ce que l'on entend tous les jours* de Vivier
(1879), *Le Musée de la conversation* de Roger (1892) et *Le Petit Musée
de la conversation* d'Henri Deslinières qui se dissimule sous le facétieux
pseudonyme de P. Castigat et V. Ridendo.

Lors de sa minutieuse étude des sources du *Dictionnaire des idées
reçues,* Lea Caminiti a dépouillé la plupart de ces ouvrages et y a trouvé,
à l'état brut, la majeure partie des expressions qui apparaissent sous
forme homologique dans le *Dictionnaire,* ce qui la renforce dans son impression selon laquelle il y a bien peu de matériel original dans cette œuvre. Nous nous sommes livré à la même étude dans les dictionnaires
scientifiques, non pas dans la perspective des sources, mais dans le but
de déterminer un domaine d'inter-action. Au total, une étude exhausti-
ve sur la lettre A et des sondages divers nous ont convaincu que la relation était inexistante. La plupart des formules trouvées dans le *Larousse
du XIXème siècle* ont à voir avec la syntaxe. Force nous est donc de
considérer que l'une des caractéristiques de la poétique du *Dictionnaire*
tient au haut degré d'investissement sémantique qui le marque.

Ferrère, à qui l'on doit la première édition annotée en 1912, com-
met donc une erreur d'interprétation lorsqu'il estime que Flaubert s'est
trompé lors du choix du titre et propose comme titre plus exact : « Dictionnaire des *phrases* reçues, universellement admirées quoique profondément stupides » (12).

En réalité, c'est bien d'*idées* qu'il s'agit ici puisque les composants
sont de nature sémantique et non pas syntaxique. La structuration
phrastique elle-même n'est pas intrinsèquement stupide, ce sont les modalités de mise en relation des constituants qui produisent des effets qui
peuvent être rationalisés comme bêtes ou stupides.

A ce point l'analyse réclamerait une longue typologie spécifique de
relations dans laquelle l'ensemble des articles prendrait place. Conten-
tons-nous donc de proposer deux principes fondamentaux.

La meilleure façon d'introduire une dimension de dérision dans un
énoncé, c'est d'en mettre à vif les contradictions. Le *Dictionnaire des
idées reçues* n'échappe pas à la règle et, à un niveau très élémentaire, la
mise en place de la « bêtise » apparaît comme le produit d'une formulation contradictoire qui se joue sur l'ensemble des entrées ou seulement
dans le cadre limité d'un énoncé d'accompagnement.

Ainsi, les entrées « Yvetot », « Naples », « Séville » mettent en
relation des mots-vedettes distincts avec un énoncé d'accompagnement

12. Ouvr. cité, note 8, p. 23.

similaire et ce système de renvois continus est indiqué dans le texte même :

Yvetot.   voir Yvetot et mourir ! (v. Naples et Séville)
Naples.   « Voir Naples et mourir ! (v. Yvetot).
Séville   « Voir Séville et mourir !»   Voyez = Naples

C'est donc à la fois la propriété du nom propre qui est niée ici et le rapport exclusif d'homologie. Dans ce cas particulier, l'effet d'effacement de la spécificité est redoublé par le fait que dans le champ sémantique de *mourir* on trouve également le sème d'exclusivité : *on ne meurt qu'une fois* qui lui aussi normalement bloque la répétition. Au niveau de la grande unité que constitue le texte, on retrouve donc un travail sur le composant sémantique qui *reproduit* l'effet du dispositif homologique : effacement des différences et réduction au même.

Avec l'exemple « dos », la contradiction est inscrite dans l'énoncé d'accompagnement même puisque « dos » et « poitrine » se définissent comme les deux parties opposées du thorax :

Dos.   une tape dans le dos peut rendre poitrinaire.

Dans ces exemples, l'assimilation de traits sémantiques exclusifs les uns des autres conduit à un énoncé de non-sens fondé sur une annulation par contradiction des traits spécifiques. L'énoncé paradoxal ici, c'est d'abord ce qui détruit le sens *commun* comme sens *unique*, mais c'est aussi ce qui détruit le sens commun comme assignation d'identités fixes.

Outre la contradiction, le second principe de manipulation affectant le composant sémantique consiste à *naturaliser* un rapport arbitraire, c'est-à-dire à rendre nécessaire une relation qui n'est pas sémantiquement inclusive. Ce principe couvre un certain nombre d'opérations distinctes parmi lesquelles nous isolerons les plus représentatives. Dans tous les cas, il faut se souvenir que c'est le dispositif homologique qui assure la relation de vérité entre le mot-vedette et son énoncé d'accompagnement.

Dans ces trois premiers exemples :

Peur.   donne des ailes.
Basques.   Le peuple qui court le mieux.
Aplomb.   toujours suivi de « infernal » ou précédé de « rude ».

il s'agit effectivement de la reprise de segments de discours répétés, de reprises de formules-clichés. Trois modalités d'inscription sont opératoires : directe, indirecte et commentée.

Dans l'entrée « peur », l'énoncé d'accompagnement est simplement la partie prédicative de la phrase *la peur donne des ailes* introduite sous forme de paraphrase du sujet. L'entrée « Basques » se présente comme une étrange énigme. En fait il faut restituer une sorte d'hypotexte formulaire : *courir aux basques*. «Aplomb» manifeste l'inscription d'un « méta-niveau » discursif dans le *Dictionnaire* puisque ici les formules « aplomb infernal » ou « rude aplomb » sont déconstruites et que « toujours suivi » et « précédé » introduisent la dimension de la glose. Il est à noter qu'ici, comme dans bien d'autres entrées du *Dictionnaire,* le « toujours » entraine la prescription dans la voie du conformisme et de la répétition. De plus, ce « toujours » transfère les épithètes (« infernal », « rude », ici) de la catégorie d'épithète optionnelle à épithète de nature. Or, le propre d'un épithète de nature, comme son nom l'indique, c'est de manifester une propriété intrinsèque du nom qu'elle accompagne. Au plan sémantique, l'opération consiste donc bien à réintroduire un sème optionnel dans l'ensemble des sèmes qui constituent le noyau sémique du substantif.

La deuxième procédure de naturalisation repose sur le pouvoir de dérivation du lexique. Le *Dictionnaire des idées reçues* joue sur la dérivation reprise et la dérivation fabriquée. Ainsi les exemples suivants qui illustrent chacun un modèle différent :

Moineau.   fils de moine.
Flamant.   oiseau ainsi nommé parce qu'il vient des Flandres.

L'entrée « moineau » est l'exemple d'une dérivation reprise puisque *moineau* dérive effectivement de *moine.* C'est un diminutif attesté dès le XIIème siècle, au même titre que *moinillon* (13). Ce qui compte ici, c'est l'inattendu de la formulation. Linguistiquement parlant, *moineau* est bien le « fils » métaphorique de moine, mais sémantiquement, il y a une contradiction présuppositionnelle entre *moine* et *fils.* Ceci sans parler de l'écart sémantique ([+ humain] vs. [– humain)] que négativise le lien homologique. L'entrée « flamant » introduit une dérivation jouant sur l'homophonie. En fait, à l'écart, la finale en -*t* ou en -*d* a un rôle distinctif. Ici encore, la structuration du discours va dans le sens de la suppression des différences, de la réduction au même. Il faut noter, cependant, que si l'on en croit l'étude d'Alberto Cento sur les fautes d'orthographe de Flaubert (14), celui-ci, dans ses manuscrits ne faisait pas de distinction orthographique entre *flamand* et *flamant,* utilisant exclusivement la finale en -*d.* Sous cette entrée ce serait donc l'idiosyncrasie qui s'offrirait comme norme.

Enfin, dernier type de naturalisation : l'introduction d'une nécessité analytique dnas un vague rapport de similitude homophonique. Ce que la rhétorique reconnaîtrait comme des cas appuyés de paronomase donnés pour des cas d'antanaclase. Si l'on se place du point de vue du résultat, on peut distinguer entre le mode signifiant et le mode asignifiant :

Diane.   Déesse de la chasse-teté.
Chaleur.   trop-picale.

Dans l'entrée « Diane », la déconstruction homophonique du mot *chasteté* fait apparaître le mot *chasse* qui entretient un rapport de nature avec Diane par l'intermédiaire du segment de discours répété de type

13. Cf. O. Bloch et W. von Wartburg, *Dictionnaire étymologique de la langue française,* Paris, P.U.F., 1960, p. 408.
14. *Bouvard et Pécuchet,* éd. A Cento, Paris, Nizet, 1964, p. LXXXIX-XCV.

homérique : *Diane chasseresse*. Il y a donc ici restitution, à la fois, d'une structure formulaire établie et des rapports de nécessité logique dont elle est chargée. Par contre dans l'entrée « chaleur », il est difficile de restituer un hypotexte formulaire qui ne serait pas l'ensemble de l'entrée elle-même : *chaleur tropicale*. On en est réduit à suggérer que l'effet de déconstruction vise à accentuer les éléments présents : le « trop » marquant la chaleur comme excès en soi, ou le « picale » comme vague renvoi homophonique secondaire au verbe *piquer* et à ses dérivés existants ou virtuels.

Ainsi décomposé, analysé, le texte du *Dictionnaire des idées reçues* laisse apparaître les manipulations langagières qui sont comme le reste, la trace, l'icône d'une intentionnalité inscrite dans l'encodage même de la systématique poétique du texte.

Loin donc d'être une simple compilation-reprise, le *Dictionnaire des idées reçues* de Flaubert subvertit le matériel qui le constitue et le fait doublement.

Par la mise en évidence des contradictions, par l'inscription du même dans le double jeu de la naturalisation, le *Dictionnaire* assigne à la bêtise son statut de conformisme, de réplique d'identité. Mais le texte lui-même échappe à la norme parce qu'il ne fonctionne pas sur le mode de la copie directe. Il ne s'agit pas d'une redondance-répétition primaire et le discours, porté par ses traits métalinguistiques, fait du *Dictionnaire des idées reçues* bien autre chose qu'une somme tautologique des menus propos de son temps. Du même coup, cela situe Flaubert dans ce qui était pour lui l'avers de la bêtise : l'originalité.

Jean-Jacques THOMAS

L'ÉTERNEL PRÉSENT DANS LES ROMANS
DE FLAUBERT

Un roman de type traditionnel, tel qu'il existait à l'époque de Flaubert et tel qu'il existe encore aujourd'hui, est censé raconter une histoire qui s'est déroulée dans le passé. Les verbes sont donc normalement au passé (sauf dans les dialogues, bien entendu), et ceux qui sont au présent peuvent très souvent signaler le passage du temps diégétique des événements racontés à une dimension intemporelle ou bien au temps où l'auteur lui-même compose son œuvre — c'est par exemple le cas quand Balzac s'arrête de narrer la vie de ses personnages pour se livrer à des réflexions personnelles sur la société, la politique et les mœurs de son époque. Pour un auteur comme Flaubert qui tient à s'effacer autant que possible derrière l'action qu'il relate et les caractères qu'il décrit, on pourrait donc théoriquement s'attendre à ne trouver dans ses romans que le passé des verbes. En réalité, et même en admettant que l'emploi du présent des verbes soit presque inévitable dans un certain nombre de cas (par exemple en style indirect libre ou dans les images), il s'avère à l'examen que Flaubert utilise le temps présent des verbes très fréquemment et d'une façon très consciente, et que cette allusion implicite à un temps autre que le temps diégétique constitue même un élément d'une importance capitale dans la structure de ses romans. C'est donc cet éternel présent, peut-être plus significatif encore que l'éternel imparfait sur lequel on a tant glosé, que je me propose d'examiner ici.

A cet égard nous ne pouvons évidemment pas tenir compte de *La Tentation de Saint Antoine*, où la forme quasi-dramatique fait que la dimension du passé n'existe pas : tous les verbes sont au présent, et l'action se déroule dans un domaine intemporel qui n'a ni début ni fin. Le cas de *Bouvard et Pécuchet* est autre : il y a bien un temps diégétique dans lequel se sont produits les incidents qui composent la trame narrative de l'œuvre — « comme il faisait une chaleur de 33 degrés, le boulevard Bourdon se trouvait complètement désert », puis, quelques lignes plus bas, « deux hommes parurent ». Mais de toute évidence ce n'est point l'histoire de ces deux hommes en tant qu'individus qui intéresse Flaubert, et plus on avance dans le roman, moins on fait attention à ces verbes qui se rapportent à un passé révolu : nous sommes constamment en présence de verbes au présent qui se réfèrent à ce que l'on croit généralement ou à ce qu'affirment les prétendus experts — l'abbé Jeufroy, par exemple, affirmait que tous les idiomes sont dérivés de l'hébreu. De plus en plus, Bouvard et Pécuchet ne jouent que le rôle des témoins qui constatent ce que l'on pense, ce que l'on dit, ce que l'on fait. Il se constitue ainsi un domaine intemporel, dans lequel se serait inscrit presque tout le second volume, composé en très grande partie de documents à l'état brut, qui nous auraient été livrés tels quels, pas même réfractés à travers la conscience des deux bonshommes. «La bêtise humaine est infinie », écrivait Flaubert à Maupassant (1), et dans *Bouvard et Pécuchet,* c'est le plus souvent le temps présent des verbes qui sert à marquer cette qualité d'infinitude, d'immuabilité, d'éternité de la bêtise.

Mais justement parce que cet élément est tellement envahissant dans *Bouvard et Pécuchet,* où l'on trouve des verbes au présent à chaque page, il est peut-être plus intéressant de l'étudier dans les trois romans où leur emploi, étant plus rare, donne lieu à un véritable jeu de miroirs entre le présent et le passé (2). Dans chacun de ces trois romans, le temps présent des verbes joue un rôle différent, mais toujours subtil et extrêmement significatif.

Commençons donc par *Madame Bovary,* où les verbes au présent sont presque aussi nombreux que dans les deux autres romans ensemble, particularité qui doit tout de suite éveiller notre attention. Le roman tout entier d'ailleurs est encadré par des allusions explicites au présent. « Nous étions à l'étude » : ce « nous » implique clairement l'existence d'un plan temporel autre que celui des événements qui vont être racontés, puisqu'il faut qu'il y ait quelqu'un pour écrire « nous » et qu'il faut qu'il existe encore au moment où il écrit. Mais ce plan temporel s'efface bientôt, non sans un « maintenant » qui, tout en constituant un non-sens, attire l'attention du lecteur sur le temps de ce narrateur anonyme: « il serait maintenant impossible à aucun de nous de se rien rappeler de lui ». A la fin du roman, le même plan revient peu à peu, signalé dans les dernières pages par l'emploi de plus en plus fréquent du présent des verbes : « c'est le premier qui ait fait venir dans la Seine-Inférieure du *cho-ca* et de la *revalentia* [...] un grand mot, le seul qui ait jamais dit [...] Elle est pauvre et l'envoie, pour gagner sa vie, dans une filature de coton. Depuis la mort de Bovary, trois médecins se sont succédé à Yonville, sans pouvoir y réussir, tant M. Homais les a tout de suite battus en brèche. Il fait une clientèle d'enfer ; l'autorité le ménage et l'opinion publique le protège ». Enfin nous arrivons à la fameuse phrase qui clôt le livre : « il vient de recevoir la croix d'honneur », avec laquelle nous sommes définitivement réinstallés dans ce présent que nous avions apparemment quitté après les premières pages du roman. Si Flaubert a choisi d'écrire « nous étions à l'étude » et non « ils étaient à l'étude » (ce qui ne va pas sans quelque inconvénient pour la logique de la présentation, puisque ce narrateur qui ne s'identifie jamais cède rapidement la place à une narration impersonnelle faisant étant de toute sorte de renseignements inaccessibles à un ancien camarade de Charles), c'est

---

1. *Oeuvres complètes,* Paris, Club de l'Honnête Homme, 1976, Vol. XVI, p. 328.
2. Je laisse de côté les *Trois Contes,* leurs dimensions restreintes ne permettant pas une utilisation très poussée de cette alternance. Mais dans l'ensemble les emplois du présent des verbes qu'on y relève confirment les tendances visibles dans les œuvres de longue haleine.

donc bien parce qu'il savait que le roman allait se terminer dans le présent et qu'il voulait que ce présent soit sensible au début aussi bien qu'à la fin (3).

L'effet produit par cette symétrie est tout à fait extraordinaire. Le roman comprend pour ainsi dire toute une série de cercles concentriques, dont celui-ci est le plus éloigné du centre. La vie d'Emma est complètement enfermée dans celle de Charles : nous voyons d'abord Charles sans Emma avant sa visite aux Berteaux, et vers la fin nous revenons à Charles sans Emma après le suicide de celle-ci. Mais cette vie de Charles elle-même est enfermnée dans ce qu'on pourrait appeler un présent perpétuel, qui existe avant que nous ne le rencontrions et qui continue à exister après sa mort. Il s'ensuit que pour le lecteur de *Madame Bovary* le personnage d'Emma apparaît comme doublement enfermé : d'abord par Charles et ensuite par ce présent figé, évoqué dès les premières lignes de l'œuvre et dans lequel nous sommes replongés à la fin. Sa vie tout entière surgit de cet élément étouffant et immuable, et y disparaît de nouveau à la fin. Il en résulte une impression de claustrophobie, d'impuissance, de fatalité.

Mais ce n'est pas uniquement au début et à la fin que le lecteur a conscience de ce présent perpétuel. Lorsque Flaubert entreprend sa longue description de Yonville, il la met au temps présent, ce qui a laissé perplexe plusieurs commentateurs (4). « Depuis les événements que l'on va raconter, rien, en effet, n'a changé à Yonville [...] le vieux lion d'or montre toujours aux passants sa frisure de caniche », et ainsi de suite. Certes, l'emploi du présent des verbes plutôt que l'imparfait a en partie pour but de nous convaincre que ce bourg fictif existe aussi réellement que la ville de Rouen, à laquelle se rapportent d'autres verbes au présent — de tels exemples de ce qu'on pourrait appeler le présent topographique tendent à indiquer au lecteur que le fait rapporté est exact et pourrait être vérifié sur place. Mais il sert aussi à rappeler cette dimension du temps présent qui finira par absorber le passé auquel se rattachent Emma et son histoire.

S'il est vrai que, sauf au début et à la fin du roman, rien ne nous fait penser directement à ce narrateur qui semble n'exister qu'à l'état de vestige ou d'ombre, certaines particularités de l'utilisation du présent des verbes dépendent indirectement de sa présence. Par exemple, à plusieurs reprises Flaubert emploie « c'est » alors que « c'était » ou « ce fut » aurait paru plus naturel : « comme il l'avait promis, c'est le lendemain qu'il y retourna ». De même, la phrase intercalée : « il est vrai » se rencontre au moins six fois. Il n'en est pas de même des autres romans de Flaubert, où ces usages sont excessivement rares : c'est donc quelque chose qui correspond à la perspective narrative de *Madame Bovary* uniquement, et il est difficile de ne pas croire que cela aussi sert

---

3. Cette observation a été faite par F.W.J. Hemmings dans un compte rendu publié dans le *Romanic Review*, LIX, 2 avril, 1968.
4. Par exemple R.J. Sherrington, *Three Novels by Flaubert. A Study of Techniques,* Oxford, Clarendon Press, 1970, p. 131.

à rendre sensible au lecteur l'existence de cette dimension temporelle qui vient se superposer à celle de la diégèse (5).

Deux autres aspects de l'emploi du présent des verbes dans *Madame Bovary* sont dignes de retenir notre attention, bien qu'on les trouve ailleurs aussi. Le premier est la fréquence avec laquelle il revient dans les métaphores et les comparaisons, par exemple lorsqu'il est dit que Charles en tant qu'officier de santé prononce « toutes sortes de bons mots, caresses chirurgicales qui sont comme l'huile dont on graisse les bistouris ». Malgré l'utilisation très consciente des techniques du point de vue, il est rare qu'on puisse attribuer de telles images à l'un ou l'autre des personnages du roman, surtout avec les verbes au présent : l'auteur, qui avait le style naturellement très imagé, montre ici le bout de l'oreille. Il est intéressant de noter qu'à mesure qu'il perfectionne son système d'impersonnalité, il réduit de beaucoup le nombre de ces images au présent : j'en relève quarante-huit dans *Madame Bovary*, autant que dans *Salammbô* et *L'Éducation sentimentale* ensemble.

Le second est ce qu'on pourrait appeler le présent gnomique, employé dans les sentences et les aphorismes : « il ne faut pas toucher aux idoles, la dorure en reste aux mains », « la parole est un laminoir qui allonge toujours les sentiments ». Ici se pose un problème particulièrement délicat. A qui faut-il attribuer ces maximes, à l'auteur ou à l'un de ses personnages ? Quelquefois le doute n'est pas permis. Il s'agit souvent d'une idée reçue, signalée parfois dans *Madame Bovary*, et là seulement, par l'usage de l'italique — « *avec du toupet, un homme réussit toujours dans le monde* », par exemple. De même à propos de Homais, lors du suicide d'Emma : « il savait qu'il faut, dans tous les empoisonnements, faire une analyse ». Si Flaubert avait écrit : « il savait qu'il fallait faire une analyse », nous aurions pu penser que Homais fait appel à ces véritables connaissances médicales, mais du moment qu'il emploie le présent, nous savons que Homais ne fait que répéter une leçon apprise, et il se ridiculise parce qu'on a appelé son « psittacisme » (6).

Dans d'autres cas, le lecteur est obligé d'attribuer l'aphorisme à l'auteur lui-même, puisqu'il est précisé que ce n'est point ce que pense le personnage : « elle ne savait pas que, sur la terrasse des maisons, la pluie fait des lacs lorsque les gouttières sont bouchées », ou encore, lorsque Flaubert, dénonçant l'incompréhension de Rodolphe vis-à-vis des vrais sentiments d'Emma, commence toute une tirade par les mots : « il ne savait pas, cet homme si plein de pratique, que ... », et atteint à un véritable paroxysme d'indignation avec ce propos d'un pessimisme désespéré : « la parole humaine est comme un chaudron fêlé où nous battons des mélodies à faire danser les ours, quand on voudrait attendrir les étoiles ». Sans aucun doute, nous sommes là en présence d'une intervention d'auteur : il est tellement important pour Flaubert d'empê-

---

5. Un détail qui va dans le même sens : dans *Madame Bovary*, Flaubert utilise bien plus souvent qu'ailleurs le pronom « vous » dans des phrases du genre : « le libraire [...] vous emballa pêle-mêle tout ce qui avait cours dans le négoce des livres pieux ». Ce « vous » semble établir une sorte de complicité entre un narrateur et un lecteur.

6. Voir Luc Dariosecq, « A propos de Loulou », *French Review*, XXXI, 4, février 1958.

cher le lecteur de commettre la même erreur que Rodolphe qu'il laisse
tomber le masque de l'impersonnalité et prend la parole lui-même.

Mais dans la plupart des cas, le lecteur hésite. Il ne sait pas si ce
qu'il entend est la voix de l'auteur, la voix d'un personnage, ou tout
simplement la voix de la sagesse (ou de la bêtise) des nations. Lorsque
nous lisons une allusion à « l'éternelle monotonie de la passion, qui a
toujours les mêmes formes et le même langage », le contexte nous
incite à attribuer cette réflexion à Rodolphe — mais même si c'est bien
Rodolphe qui pense ainsi, Flaubert est sans doute du même avis. Grâce
aux ambiguïtés du style indirect libre, l'incertitude plane sur un grand
nombre de ces cas, et c'est exactement ce que Flaubert aurait voulu,
puisque pour lui la pratique de l'impersonnalité ne servait pas à supprimer la présence de l'auteur, résultat impossible à atteindre, mais bien à
la masquer. Une technique analogue est employée lorsque Flaubert se
sert du présent d'un verbe dans une généralisation qui dépend d'un démonstratif : « elle ne s'amusa pas à ces préparatifs où la tendresse des
mères se met en appétit », « ... avec cette résolution des poltrons que
rien n'arrête ». Comme l'a finement remarqué Jonathan Culler dans son
beau livre sur Flaubert (7), de telles constructions sont censées signaler
un pacte de communauté entre le lecteur et le narrateur : elles laissent
entendre que tout le monde est d'accord sur la signification qu'il convient de reconnaître à tel geste, à telle action, à telle expression. Seulement, cette communauté est souvent illusoire. Un exemple : la toilette
de Rodolphe « avait cette incohérence des choses communes et recher-
chées, où le vulgaire, d'habitude, croit entrevoir la révélation d'une existence excentrique, les désordres du sentiment, les tyrannies de l'art, et
toujours un certain mépris des conventions sociales, ce qui le séduit et
l'exaspère ». Sous le couvert d'un rappel d'une opinion ou d'une expérience communes, Flaubert donne ici libre cours à sa détestation de la
mentalité bourgeoise.

Ces exemples mettent en lumière le jeu subtil auquel il se livre.
Lorsque le lecteur quitte le temps diégétique, il ne sait pas très bien si
c'est pour se plonger dans l'univers mental d'un des personnages, si c'est
pour entrer dans le domaine temporel où l'écrivain compose son livre,
ou si c'est pour se retrouver dans l'éternité de la bêtise. L'incertitude est
voulu, mais quelle que soit la façon dont on interprète ces divers mouvements vers un présent indépendant de la diégèse, il semble évident
qu'ils contribuent tous à conférer à *Madame Bovary* une tonalité très
particulière. Ce présent éternel où Homais vient de recevoir la croix
d'honneur et où il continuera à tout jamais à battre en brèche les suc-
cesseurs de Charles est le domaine de l'idée reçue, de la bêtise conquérante sous laquelle Emma a succombé : il est ainsi une des clés de
l'œuvre.

Avec *Salammbô*, la situation est entièrement différente. Si dans
Madame Bovary on est frappé par la fréquence des emplois du présent
des verbes, c'est le contraire qui frappe dans *Salammbô*, où leur nombre
est un tiers seulement de celui de *Madame Bovary*. Pas d'aphorismes ;
pas d'allusions au temps présent ; pas de présents servant à désigner une

7. *Flaubert : the Uses of Uncertainty*. Londres, Elek, 1974, pp. 83-4.

réalité topographique : donc absence complète de ces emplois du présent qui peuvent déceler la présence du narrateur. Même la catégorie des présents se référant à des idées reçues est sensiblement réduite, et pour la plupart ces cas se rattachent, non pas à des notions courantes à l'époque de Flaubert, mais à des croyances carthaginoises : « il y avait [...] des opales de la Bactriane qui empêchent les avortements », « croyant tous que l'eau est enfantée par la lune ». De même, il y a relativement peu de ces constructions où le démonstratif est suivi d'un présent, et celles que l'on trouve ont pour la plupart un sens tellement vague que c'est à peine si elles impliquent une véritable communauté culturelle : « une de ces extrémités où l'on ne considère plus rien », « cette frénésie que donne la complicité des crimes irréparables ».

La dimension du temps présent qui confère à *Madame Bovary* sa tonalité particulière n'existe donc point dans *Salammbô*. La durée dans laquelle vivent l'auteur et ses lecteurs est complètement séparée de celle des personnages : entre les deux il y a un abîme pratiquement infranchissable, auquel Flaubert se permet une seule petite allusion : « le vieux Caton, un maître en fait de labours et d'esclaves, quatre-vingt-douze ans plus tard, en fut ébahi, et le cri de mort qu'il répétait dans Rome n'était que l'exclamation d'une jalousie cupide » (8). A part cette courte phrase, Flaubert passe sous silence ce que savent tous ses lecteurs : que Rome allait bientôt anéantir Carthage. Le monde qu'il décrit appartient totalement au passé, tant et si bien qu'il était sur le point de disparaître à jamais.

Salammbô apparaît donc moins comme un roman historique que comme un roman archéologique, un roman sans rapport avec les temps modernes et d'où le présent a été rigoureusement banni. La rareté des verbes au présent n'est nullement un accident, et elle aide à comprendre jusqu'à quel point Albert Thibaudet avait raison de dire : « Flaubert voulait écrire une œuvre gratuite, qui se tînt debout par la seule force du style, qui, au lieu de pencher l'histoire vers nous, la retirât volontairement en arrière, sur le bord d'un désert, pour faire de ce morceau un bloc de passé pur, une sorte d'astre mort » (9).

Les premiers mots de *Madame Bovary*, « nous étions à l'étude », postulent tout de suite une dimension du temps présent. Dans *L'Éducation sentimentale*, en revanche, les premiers mots nous ramènent à une époque déjà révolue : « le 15 septembre 1840, vers six heures du matin ... » Bientôt une petite phrase laisse entendre que ce passé, si proche qu'il semble, est en réalité lointain, très différent du présent : « comme on avait coutume de se vêtir sordidement en voyage ... » A mesure que les années passent, avec de nombreuses précisions de date, nous nous rapprochons toujours davantage du présent — contrairement à ce qui se passe dans *Madame Bovary*, presque aucun retour en arrière ne vient

---

8. On trouve une remarque analogue dans *Hérodias*, quand Flaubert fait allusion, à propos d'Aulus, à « cette goinfrerie qui devait surprendre l'univers ». Il est intéressant de constater que quand Flaubert se réfère à l'Histoire postérieure aux événements qu'il raconte, ce n'est pas pour rappeler des faits d'importance capitale comme la chute de Carthage ou le développement du christianisme, mais pour souligner des qualités comme la cupidité ou la goinfrerie.

9. Albert Thibaudet, *Gustave Flaubert*, Paris, Gallimard, 1973 (nouvelle édition), p. 145.

interrompre ce constant mouvement en avant. A la fin, nous arrivons à la dernière conversation entre Pécuchet et Deslauriers, qui a lieu « vers le commencement de cet hiver ». La temporalité du roman nous conduit donc irrésistiblement de 1840 jusqu'au présent. Mais l'épilogue entre Frédéric et Deslauriers nous renvoie à une époque antérieure à 1840, puisque la visite à la maison de la Turque se situe dans les vacances « de 1837 », et comme ils tombent d'accord pour dire : « c'est là ce que nous avons eu de meilleur », tout ce qui est arrivé depuis se trouve dévalorisé : le roman s'annule de lui-même. La circularité de la structure de *Madame Bovary* donne l'impression d'un état statique qui finit par absorber toute activité. Dans *L'Éducation sentimentale,* au contraire, le temps ne s'arrête jamais de s'écouler, mais à la fin, il n'en reste rien. Au moment même où, après une progression ininterrompue depuis cette date fatidique du 15 septembre 1840, nous arrivons enfin au présent, nous découvrons que la seule réalité valable gît dans un passé qui était déjà révolu le jour où tout avait semblé commencer.

Le présent dans *L'Éducation* représente donc une sorte de but illusoire vers lequel on avance sans arrêt et avec plus ou moins de rapidité mais qui finit par s'évanouir dans le non-sens. Flaubert ne tient pas à nous faire penser continuellement à ce présent. Ce qu'il veut nous faire sentir surtout, c'est le glissement perpétuel du temps, qui va se déverser dans un passé que rien ne peut plus rappeler. Seulement, pour le faire, il se place, implicitement mais à plusieurs reprises, dans le présent pour constater combien ce passé semble déjà loin. Il fait allusion par exemple à des dépenses « qui seraient aujourd'hui des misères pour les pareilles de Rosanette » et aux « salons des filles (c'est de ce temps-là que date leur importance)». Ce genre de remarques — il y en a une demi-douzaine en tout — est presque complètement absent de *Madame Bovary* (10): ici elles renforcent ce sens d'un écoulement incessant et inévitable qui est un des grands thèmes du roman.

Mais plusieurs fois Flaubert semble ralentir ce mouvement en insérant toute une série de verbes au présent. Le cas le plus notable est celui de l'idylle de Fontainebleau, où plusieurs commentateurs ont remarqué ce changement curieux, notamment Thibaudet, qui écrit qu'« un présent, encadré par des imparfaits, oppose un aspect permanent de la nature aux actes humains qui s'y développent » (11). Flaubert lui-même d'ailleurs attire l'attention du lecteur sur le contraste entre le caractère éphémère des amours de Frédéric et Rosanette et la majesté inchangée du paysage, quand il parle de « leur amour et la nature éternelle ». On peut même se demander si ce n'est pas justement pour montrer par ce contraste combien nos émotions les plus profondes sont fugitives que Flaubert donne une telle ampleur à l'épisode de Fontainebleau, qui ne

---

10. A une exception près, lorsque, à propos de Larivière, Flaubert écrit : « Il appartenait à la grande école chirurgicale, sortie du tablier de Bichat, à cette génération, *maintenant disparue,* de praticiens philosophes qui, chérissant leurs art d'un amour fanatique, l'exerçaient avec exaltation et sagacité !» (c'est moi qui souligne).

11. *Op.cit.,* p. 251.

fait guère avancer l'action. Jean-Pierre Duquette a curieusement raison, à propos de ces scènes, de définir le présent des verbes comme « le temps impersonnel, ne marquant aucune ponctualité, sorte de tentative pour transcrire une valeur fixe des choses, constatation d'un témoin détaché, transcription presque tragique à force d'indifférence » (12).

Pourtant, il est loin d'être sûr que la même explication vaille pour d'autres cas où Flaubert emploie le présent pour la description des lieux dans *L'Éducation*. On trouve plusieurs verbes au présent quand il évoque Sens, quand il parle de Nogent, quand il décrit l'emplacement de l'usine d'Arnoux à Creil, et quand il dépeint le cimetière du Père Lachaise et les rues avoisinantes : il semble difficile d'attribuer la même valeur sémiologique à la diversité de tous ces cas. A vrai dire, dans un contexte topographique, l'utilisation du présent paraît indiquer tout simplement que Flaubert se porte garant d'une vérité de fait. Il est allé voir sur place, il a pris des notes, et comme il sait que ces notes sont exactes, en les transcrivant et en les adaptant pour le roman, il s'exprime au présent. Un exemple : dans le roman, il décrit ainsi l'endroit du Père Lachaise où se situe la tombe de M. Dambreuse : « Le terrain dévale, en cet endroit, par une pente abrupte. On a sous les pieds des sommets d'arbres verts, plus loin, des cheminées de pompes à feu, puis toute la grande ville ». Voici à présent les notes consignées sur un de ses carnets: « Au bord du plateau : la ville en surplomb, cheminées d'usine, coups de marteau. Au premier plan, sous soi, sur la pente, les têtes des arbres verts » (13). Quel que soit l'art avec lequel Flaubert a transformé ces notules fort sèches en les phrases tellement évocatrices du roman, on a l'impression que l'utilisation du présent ne correspond à aucune intention esthétique ou psychologique, et qu'il l'a laissée subsister uniquement parce qu'il sait que ce qu'il avance est vrai d'une vérité autre que celle de la fiction (14).

Nous pouvons passer plus rapidement sur d'autres cas où Flaubert emploie le présent dans *L'Éducation sentimentale*. Dans l'ensemble, ces cas sont bien moins nombreux que dans *Madame Bovary* et n'offrent pas le même intérêt. Cependant, trois catégories méritent d'être remarquées, justement parce qu'elles sont plus en évidence que dans *Madame Bovary*. La première est celle des idées reçues, que Flaubert d'ailleurs identifie expressément lorsqu'il fait allusion à « l'idée reçue qu'il

---

12. *Flaubert ou l'architecture du vide*, Montréal, Presses de l'Université de Montréal, 1972, p. 121.
13. *Oeuvres complètes*, Vol. VIII, p. 326.
14. Cette hypothèse est confirmée par *Un Cœur simple*. En décrivant la ferme de Geffosses, Flaubert écrit : « La cour est en pente, la maison dans le milieu ; et la mer, au loin, apparaît comme une tache grise ». Cette phrase au présent détonne au milieu des verbes au passé qui l'entourent. Or, nous savons que la ferme de Geffosses a réellement existé, qu'elle a appartenu à la famille Flaubert, et que le romancier a fait un voyage à Pont-l'Evêque avant d'écrire son conte. Comment ne pas conclure qu'il a simplement transcrit ce qu'il vient de voir, sans se rendre compte qu'en affirmant ainsi l'authenticité de sa description, il troublait l'illusion qu'il cherchait à créer ? D'une façon générale, il est presque toujours possible, pour les présents topographiques de *L'Éducation*, de les mettre en parallèle avec les notes consignées dans les carnets de Flaubert (voir mon édition de *L'Éducation*, Paris, Imprimerie Nationale, 1979).

est plus facile de supplanter un amant qu'un mari ». Peut-être a-t-il tenu à insister plus particulièrement sur ces idées reçues parce que *L'Éducation* est le roman de toute une génération dont les membres ont très peu d'individualité propre : comme ils ont tous les mêmes réflexes, ils pensent surtout par idées reçues. Il en est de même de la seconde catégoie, celle des généralisations avec un démonstratif, dont beaucoup ont presque une valeur d'idées reçues — « cet aspect glacial qu'on attribue aux diplomates », « cet air de nigaud que la tradition donne aux conscrits ». Ici encore l'individualité se noie dans l'anonymat.

Plus intéressante est la catégorie des sentences. On en relève seize, nombre exceptionnel pour les œuvres de la maturité. Si plusieurs n'expriment que des vérités relativement banales et si d'autres peuvent à la rigueur être rattachées au point de vue de tel ou tel personnage, certaines paraissent particulièrement significatives et traduisent certainement les sentiments de l'auteur, surtout lorsqu'elles ont trait à l'éternel problème du langage : « Au milieu des confidences les plus intimes, il y a toujours des restrictions par fausse honte, délicatesse, pitié. On découvre chez l'autre ou dans soi-même des précipices ou des fanges qui empêchent de poursuivre ; on sent d'ailleurs qu'on ne serait pas compris ; il est difficile d'exprimer exactement quoi que ce soit; aussi les unions complètes sont rares ». Il y a surtout ceci, au moment où Frédéric veut entreprendre une *Histoire de la Renaissance,* et c'est sans aucun doute une phrase-clé pour la compréhension de Flaubert comme homme et comme écrivain : « En plongeant dans la personnalité des autres, il oublia la sienne, ce qui est la seule manière peut-être de n'en pas souffrir ».

L'usage du présent remplit donc une fonction différente dans chacun des romans : éternité de la bêtise dans *Bouvard et Pécuchet,* durée indifférenciée et étouffante dans *Madame Bovary*, force absente dans *Salammbô*, plan mouvant et insaisissable dans *L'Éducation sentimentale.* Mais partout l'interférence du présent dans le passé diégétique apporte un élément essentiel à l'œuvre, sans lequel elle ne serait pas ce qu'elle est. D'ailleurs, on peut même se demander s'il ne serait pas possible de ramener tous ces emplois du présent à une idée exprimée par Flaubert dans une de ses lettres à Louise Colet, le 15 août 1846 ; il convient en tout cas de lui laisser le dernier mot : « Le monde n'est pas assez large pour l'âme, elle étouffe dans l'heure présente » (15).

A.W. RAITT

---

15. *Oeuvres complètes,* Vol. XII, p. 495.

TABLE DES MATIERES

Composé par CDU et SEDES
Imprimerie Jouve, 17, rue du Louvre, 75001 Paris
N° d'éditeur : 866 — Dépôt légal : 2e trimestre 1981